EN FINIR AVEC LES FORCES MALEFIQUES
DE LA MAISON DE TON PERE

Dr. D.K. Olukoya

EN FINIR AVEC LES FORCES MALEFIQUES DE LA MAISON DE TON PERE

DR D. K OLUKOYA

EN FINIR AVEC LES FORCES MALEFIQUES DE LA MAISON DE TON PERE

Première Edition : Mars 2003
DR D. K. OLUKOYA
ISBN 978-0692476543

Version Anglais :
©2002 AD the battle cry christian ministries

0803- 304- 4239, 08033060073, 0802303338

Tous droits réservés

Toute reproduction partielle ou intégrale sans autorisation
écrite est interdite
Imprimé au Nigeria

Illustration sur la première des couvertures Sœur Shade
OLUKOYA

EN FINIR AVEC LES FORCES MALEFIQUES DE LA MAISON DE TON PERE

Autres Livres Française Ecrits par Dr. D.K. Olukoya

- La Pluie de Prière
- Que l'envoutêment périsse
- En Finir avec les Forces Maléfiques de la maison de Ton Père
- Comment recevoir la délivrance du Mari et de la Femme de Nuit
- Comment se délivrer soi-même
- Pouvoir Contre les Terroristes Spirituels
- Prières de Percées pour les hommes d'affaires
- Prier Jusqu'à Remporter la Victoire
- Prières Violentes pour humilier les problèmes opiniâtres
- Le Combat Spirituel et le Foyer
- Bilan Spirituel Personnel
- Victoire sur les Rêves Sataniques
- Les Prières qui provoquent des Miracles (en anglais, Hausa, Igbo et Yorouba, 1996 Soixante Dix jours de Prières et de Jeûne (edition 1996)
- Prière Aidant à prendre le vol comme les aigles (en anglais, Hausa, Igbo et Yorouba) 1998 Soixante Dix jours de Prières et de Jeûne)
- Prières qui aboutissent aux Accroissements Explosifs (Le programme de prières et de jeûnes pour soixante-dix jours pour l'année 1999).
- Prières pour les cieux ouverts, les commencements nouveaux et le feu ardent (Le programme de prières et de jeûnes pour soixante-dix jours pour l'année 2000).
- Prières pour vous permettre d'accomplir votre destin divin. (Le programme de prières et de jeûnes pour soixante-dix jours pour l'année 2001).

Ces livres et les autres publications peuvent être obtenus à :
Version anglais:
    11, Gbeto Street, Off Iyana Church Bus Stop

EN FINIR AVEC LES FORCES MALEFIQUES DE LA MAISON DE TON PERE

    Iwaya Road, Iwaya, Yaba
    P.O. Box 12272, Ikeja, Lagos.
Version Français:
    MFM Presshouse,
    13, Olasimbo St. Onike, Yaba, Lagos
    P.O. Box 2990, Sabo, Yaba-Lagos
    E-mail: MFM@nigol.net.com, MFM@mioro.com
Ou Dans les grandes librairies chrétiennes.

EN FINIR AVEC LES FORCES MALEFIQUES DE LA MAISON DE TON PERE

TABLES DES MATIERES

1- EN FINIR AVEC LES FORCES MALEFIQUES DE LA MAISON DE TON PERE

2- DORMIR PAISIBLEMENT SOUS LA TENTE DE LA MAISON DE TON PERE

3- TA DESTINEE ET LA SORCELLERIE DOMICILIAIRE

4- LA TRAGEDIE DE LA SORCELLERIE FONDAMENTALE

5- LE MYSTERE DU TROU DANS LE MUR

6- COMMENT PERCEVOIR LE TROU DANS LE MUR ?

7- LES ETRANGERS DEPERIRONT

EN FINIR AVEC LES FORCES MALÉFIQUES DE LA MAISON DE TON PÈRE

Chapitre Un

**EN FINIR
AVEC
LES FORCES
MALEFIQUES
DE LA MAISON
DE TON PERE**

EN FINIR AVEC LES FORCES MALEFIQUES DE LA MAISON DE TON PERE

1 Samuel 2 : 26-36

« Le jeune Samuel continuait à grandir et il était agréable à l'Eternel et aux hommes. Un homme de Dieu vint auprès d'Eli et lui dit : ainsi parle l'Eternel. Ne me suis-je pas révélé à la maison de ton père lorsqu'il était en Egypte dans la maison du pharaon ? Je l'ai choisie parmi toutes les tribus d'Israël pour être à mon service dans le sacerdoce pour monter à mon autel, pour brûler le parfum, pour porter l'éphod devant moi ; et j'ai donné à la maison de ton père tous les sacrifices consumés par le feu et offerts par les enfants d'Israël. Pourquoi foulez-vous au pieds mes sacrifices et mes offrandes que j'ai ordonné de faire dans ma demeure ? Et d'où vient que tu honores tes fils plus que moi afin de vous engraisser des prémices de toutes les offrandes d'Israël mon peuple ? C'est pourquoi, voici ce que dit l'Eternel : j'avais déclaré que ta maison et la maison de ton père marcheraient devant moi à perpétuité. Et maintenant dit l'Eternel, loin de moi ! Car, j'honorerai celui qui m'honore, mis ceux qui me méprisent seront méprisés. Voici, le temps arrive où je retrancherai ton bras et le bras de la maison de ton père en sorte qu'il n'y aura plus de vieillard dans ta maison. Tu verras un adversaire dans ma demeure tandis qu'Israël sera comblé de biens par l'Eternel et il n'y aura plus jamais de vieillards dans ta maison. Je laisserai subsister auprès de mon autel l'un des tiens afin de consumer tes yeux et d'attrister ton âme ; mais tous ceux de ta maison mourront dans la force de l'âge. Et tu auras pour signe ce qui arrivera à tes deux fils Hophni et phinés : ils mourront tous les deux le même jour. Je m'établirai un sacrificateur fidèle qui agira selon mon cœur et mon âme ;

je lui bâtirai une maison stable et il marchera toujours devant mon oint. Et quiconque restera de ta maison viendra se

prosterner devant lui pour avoir une pièce d'argent et un morceau de pain e dira : Attache-moi, je te prie à l'une des fonctions sacerdoce, afin que j'aie un morceau de pain à manger. »

Genèse 12 : 1- 5.
« L'Eternel dit à Abram : va- t- en de ton pays, de ta patrie, d la maison de ton père et va dans le pays que je te montrerai. Je ferai de toi une grande nation, et je te bénirai. Je rendrai ton nom grand et tu seras une source de bénédiction. Je bénirai ceux qui te béniront et je maudirai ceux qui te maudiront et toutes les familles de la terre seront bénies en toi. Abram partit comme l'Eternel le lui avait dit et Lot partit avec lui. Abram était âgé de soixante quinze ans lorsqu'il sortit de Charan. Abram prit Sara sa femme et Lot fils de son frère avec tous les biens qu'ils possédaient et les serviteurs qu'ils avaient acquis à Charan. Ils partirent pour aller dans le pays de Canaan et ils arrivèrent au pays de Canaan. »

EMPRISE ANCESTRALE ET INFLUENCE
Il y a un cordon ombilical très solide qui rattache chacun être humain à ses ancêtres. Tu as certainement ta propre pensée mais tu es le produit de tes ancêtres. Quelle emprise solide ils ont sur toi ! Que tu le veuilles ou pas « les forces de la maison de ton père » ont continué à exercer une grande influence sur ta vie et sur ta destinée. L'être humain moyen ne sait pas grande

chose sur ses ancêtres. C'est la raison pour laquelle beaucoup de gens souffrent dans l'ignorance

Parmi toutes les forces qui affectent et façonnent ta destinée,

les forces de la maison de ton père ont le plus grand rôle à jouer.

Dans le ministère de la délivrance, nous avons découvert que les vies de plusieurs sont dominées par les forces du mal de leur lignée ancestrale. L'œuvre ministérielle de beaucoup de pasteurs a été tronquée dès le départ, juste par ce que des « puissances terribles de la maison de leurs pères » ont décidé de fracasser et d'enterrer leur appel dans le ministère.

Beaucoup de personnes supposées connaître des succès et des percées fantastiques ont découvert qu'un bon nombre de choses vont sens dessus-dessous, juste parce que les puissances de la maison de leurs pères s'opposent à leur bonheur.

Beaucoup de femmes ont des problèmes de mariage à cause des puissances de la maison de leurs pères.

Toutes les fois que tu découvres que les choses étranges se passent dans ta vie, et ceci malgré tous les efforts personnels, tu dois regarder plus loin que le physique et examiner tes racines. Ce qui 'arrive pourrait être des choses qui découlent de ta lignée familiale comme une rivière noire depuis des centaines d'années.

Tu peux être un enfant de Dieu mais si tu ne traites pas

de façon décisive avec les influences néfastes de la maison de ton père tu seras un candidat à l'école de l'échec. Cette influence néfaste pourrait provenir de terrain légal crée par les ancêtres

Nos ancêtres ont vendu plusieurs d'entre nous à l'esclavage spirituel. L'affaire ayant été scellé, tu continueras à en souffrir même si tu venais à changer de situation géographique.

LA DISTANCE N'EST PAS UN OBSTACLE

Récemment dans mes ministères d'outre-mer, j'ai entendu plusieurs histoires qui déchirent le cœur. J'ai découvert que, beaucoup de ceux qui pensent qu'ils échapperont aux attaques de la maison en allant à l'étranger finissent simplement par renvoyer le mauvais jour. La distance ne constitue pas un obstacle pour les forces du mal.

Le jour où tu commenceras à traiter les forces de la maison de ton père, tu commenceras à connaître l'épanouissement de ta destinée.

Il n'est point question de douter que nos ancêtres étaient très méchants. Plusieurs d'entre eux servaient des idoles et ont fait des pactes terribles avec des entités spirituelles très puissantes. Aussi plusieurs d'entre eux ont-ils été terriblement maudits.

Dans un bon nombre de familles, on adore encore de puissantes idoles de nos jours. Puisque tu ne peux pas t'isoler de tes ancêtres, l'influence des idoles t'affecteras.

Si tu considères toute la gamme du labeur dans ta vie, tu pourrais remarquer que tes parents ont connu ou connaissent la même souffrance.

EN FINIR AVEC LES FORCES MALEFIQUES DE LA MAISON DE TON PERE

LES POINTS SAILLANTS

Les forces de la maison de ton père pourraient ne pas t'empêcher d'atteindre le sommet. Elles pourraient juste te frapper et te faire naufrage lorsque tu es sur le point de toucher le point culminant du succès.

Beaucoup de ceux qui auraient pu réaliser des choses grandioses mendient pour avoir de quoi manger. Les forces de la maison de leurs pères les manipulent comme avec des télécommandes. Le jour où Dieu ouvrira tes yeux sur les forces de la maison de ton père, tu commenceras à prier comme jamais auparavant

Les forces de la maison de ton père n'ont aucun projet bienveillant pour toi. Quelque soit ce qui arrive, elles s'assurent qu'elles planifient une chose mauvaise ou une autre contre chaque membre de la famille. Elles gardent un registre de la famille pour s'assurer que pas une seule personne liée par le même cordon ombilical n'échappe à leurs méchants desseins

AUCUNE EXCEPTION

Peu importe ton niveau d'instruction, tu n'es pas exempt. Hommes de science, hommes d'affaires prospères, militaires ainsi que ceux qui ont fait le tour du monde, tous sont victimes des forces de la maison de leurs pères.

Si tu ne traites pas ces forces, tu ne pourras pas réellement t'épanouir dans ta vie sur terre. Même ta vie chrétienne laissera beaucoup à désirer. Quelque chose continuera à te tirer vers le bas même lorsque tu ferras de gros efforts pour aller plus haut.

EN FINIR AVEC LES FORCES MALEFIQUES DE LA MAISON DE TON PERE

Ce dont beaucoup de gens ont besoin aujourd'hui c'est de prendre congé de tout, de s'absenter pendant des semaines pour un ministère sérieux de délivrance des forces de la maison de leurs pères.

Pourquoi est-ce que c'est nécessaire ?

Les forces de la maison de ton père pourraient déjà avoir été là pendant des siècles. Certaines de ces entités ont opéré leur méchanceté dans les vies de plusieurs générations.

Même lorsque les gens essayent d'offrir des sacrifices pour apaiser ces esprits méchants, il n'y a qu'un petit instant de répit, ensuite, tout recommence.

« Les forces de la maison de ton père » sont une question très sérieuse. Tout effort investi pour la traiter donnera de grand dividende.

POURQUOI EN PARLONS-NOUS ?

Nous en parlons sérieusement parce que nous savons qu'il y aura des percées au niveau international, au niveau national, communal, familial et individuel ainsi que la délivrance lorsque nous allons rédiger un nouveau condensé de sujets de prière dirigés pour traiter les forces de la maison de ton père. Des situations qui perdurent vont recevoir la touche divine ; des entités puissantes seront assujetties et des millions de personnes seront affranchies de l'empire des esprits méchants originaires de leurs maisons.

Beaucoup de prisonniers seront libérés, des destinées ensevelies

seront exhumées et les situations turbulentes seront divinement résolues pendant que les forces de la maison paternelle sont tenues sous contrôle divin.
Voici un livre qui fera onduler le royaume des ténèbres.

LES FORCES DE LA MAISON DE TON PERE
Qu'est ce que c'est exactement ?
Existe-t-il un fondement biblique pour nous aider à comprendre ce que c'est que les forces de la maison de ton père ?
Comment démystifier véritablement les puissantes entités qui attirent notre attention dans ce passage ?

Regardons les Ecritures
Il est bon de prier mais tes efforts pourraient ne donner aucun résultat tangible si tu ne sais pas la direction vers laquelle tes prières doivent être orientées. Voici une histoire pour illustrer cela.
Une sœur connut d'énormes difficultés au sujet du mariage parce qu'elle ne savait pas comment prier contre les forces de la maison de son père. Personne ne lui fit une proposition de mariage jusqu'à ce qu'elle atteignît l'âge de 37 ans. Lorsque la première proposition arriva, elle était tout excitée. De façon insidieuse, l'homme en question revint pour dire qu'il n'était plus intéressé. Cela tronqua la première proposition de mariage qu'elle avait reçu.

A 39 ans, elle rencontra un autre qui désirait l'épouser mais pendant qu'ils planifiaient leurs noces, une voiture renversa cet homme qui mourut sur-le-champ. Deux années durant, la

EN FINIR AVEC LES FORCES MALEFIQUES DE LA MAISON DE TON PERE

femme lutta contre le traumatisme au point qu'elle jura de demeurer célibataire toute sa vie

A 41 ans, elle trouva un autre homme. Ils réussirent à planifier le mariage mais une tragédie eut lieu le jour du mariage. La femme était vêtue de sa robe de noces immaculée et l'homme était en costume tout spécial. Ils étaient rayonnant de sourires ne sachant pas ce que leur réservaient les forces de la maison de leur père.

Le pasteur se leva et déclara la formule : Y a t- il quelqu'un qui soit opposé à ce que c'est deux soient unis dans une sainte union ? Qu'une telle personne parle maintenant ou alors qu'elle se taise à jamais !

Il y eut quelques secondes de silence. Ensuite quelqu'un s'avança et dit : je m'y oppose ! Ce mariage ne peut pas avoir lieu. Cet homme est mon mari. Voici notre acte de mariage et voilà nos enfants. La femme s'évanouit, elle n'avait jamais su que l'homme qui l'emmenait à l'autel était déjà marié.

La dernière expérience la fit prier au point de découvrir ce qui l'empêchait de se marier. S'étant engagée dans un sérieux programme de prière, Dieu lui donna une révélation un jour.

Elle vit une femme dans la salle d'accouchement. Après avoir accouché d'une fille quelqu'un vint lui dire : « Félicitations ! tu viens juste d'avoir une jolie petite fille. » Mais la femme répondit « une fille ? je ne veux pas la voir. Emportez- ça loin d'ici ; la vision s'acheva. Elle se mit à se ressouvenir de l'histoire de sa famille. Avant sa naissance, sa mère avait déjà 6 filles. Elle en avait assez de filles. Lorsqu'elle fut enceinte pour la 7ème fois, elle ne voulait rien d'autre qu'un enfant mâle. Lorsque sa mère la mit au monde, on parla d'elle comme une chose et elle fut traitée comme un enfant non désiré. Les forces de la maison de son père la traînèrent jusqu'à ce qu'elle découvrit qu'une chose n'allait pas avec ses racines. Elle avait passé le temps à faire des efforts physiques alors qu'elle était enfermée dans une cage spirituelle.

C'est exactement ce qui se passe avec beaucoup de gens aujourd'hui. Je voudrais que tu fermes maintenant tes yeux et que tu pries ainsi :

« Toute transaction fait en mon nom le jour de ma naissance meurs au nom de JÉSUS. »
Permets-moi de partager un autre témoignage avec vous. Une dame avait un problème bizarre qui la fit prier avec une sainte colère. Son problème était qu'à 39 ans, elle n'avait pas ses menstrues. Conduit par le Saint- Esprit, je lui donnai un sujet de prière : « Tout propriétaire de charge mauvaise, emporte ta charge au nom de JÉSUS. »

Dieu ouvrit ses yeux et elle vit dans une vision une femme portant une charge après avoir été forcé à le faire par un ange. Ensuite ses règles commencèrent immédiatement. Cette dame

EN FINIR AVEC LES FORCES MALEFIQUES DE LA MAISON DE TON PERE

lutta contre ce problème étrange jusqu'à ce que la mauvaise charge fut enlevée.

Quelque chose se passa encore à Abuja, Nigeria. Une dame vint à l'un de nos programmes spéciaux et le Seigneur la libéra de la puissance de la maison de son père. La puissance de Dieu agit et le Seigneur me conduisit à la faire sortir de la foule. Je dis tout simplement : « le serpent qui te troublait est mort, tu es maintenant libre. »

Cette femme habitait l'un des blocs les plus nantis de la ville. C'est l'un de ces endroits où l'on ne peut même pas rencontrer le moindre des serpents. Lorsqu'elle arriva à la maison, elle trouva un gros python mort sur le lit. C'était bizarre. Elle découvrit plus tard que ses ancêtres étaient des grands adorateurs de serpents. Voilà un échantillon des activités des puissances de la maison de ton père.

La vérité est qu'il y a des forces étranges dans la maison paternelle. La plus part sont négatives et ont constitué de sérieux problèmes dans les vies de beaucoup de gens.

Les problèmes tels que l'échec, l'instabilité matrimoniale, la régression, la destruction de la destinée, stagnation dans la carrière et les choses semblables font partis des problèmes provenant des racines de beaucoup de personnes.

Les forces de la maison de ton père peuvent te faire souffrir du berceau à la tombe si tu ne les réprimandes pas. Elles sont responsables des conditions terribles

PROBLEMES LIES AUX FORCES MALEFIQUES DE LA MAISON DE TON PERE

Voici ci-dessous quelques problèmes émanant des forces de la maison de ton père

- Les problèmes matrimoniaux intenses que connaissent aujourd'hui beaucoup de personnes.
- Convertir plusieurs en des marche-pieds sur lesquels d'autres marchent
- La capacité de voir sans pouvoir réaliser
- Faire habiter les gens dans les maisons hantées. Lorsque tu veux louer une maison, elles vont s'assurer que tu loues une maison qui est proche d'un mauvais autel ou alors ils te feront construire une maison là il y a un mauvais autel.

Les forces de la maison paternelle peuvent attirer une personne vers les autels démoniaques.

- Tous les rêves où l'on fait un examen sans répondre à toutes les questions
- Les problèmes financiers
- La stagnation spirituelle. Quelque soit ce que la personne fait pour grandir ou pour avancer, elle réalise que les choses ne marchent juste pas du tout.
- L'ensevelissement des talents et des vertus. L'une des tragédies des hommes célèbres c'est la souffrance et le fait de demander l'aumône sur les rues. Ceux qui avant, étaient célèbres et talentueux maintenant sont devenus misérables
- Manques des coopérations des aides potentiels.

EN FINIR AVEC LES FORCES MALÉFIQUES DE LA MAISON DE TON PÈRE

Tu sais que quelqu'un a les moyens de t'aider mais refuse juste parce que les forces de la maison de ton père t'empêchent de recevoir de l'aide. Je prie que ces forces soient détruites aujourd'hui au nom de JÉSUS

- Echec constant dans les affaires
- Des problèmes en séries. Pendant que tu t'actives à résoudre un problème ici, d'autres surviennent là-bas
- Une prospérité apparente. Tu pourrais être élégant, bien nourri, confortable mais tu sais que tu n'as rien du tout
- Se conformer au mauvais modèle de la famille
- Etre attirer par les dettes. Ceux qui sont endettés se lèvent avant 4h et rentrent tard pour ne pas être persécutés
- Les rêves de régression
- Les mauvais déplacements. J'ai vu beaucoup de mauvais déplacements. Certains de ceux qui devraient être dans leur pays s'épanouissant sont allés à l'étranger et ils souffrent là-bas. L'ennemi les a éloignés du lieu de leur prospérité
- La dépossession graduelle. Si tu découvres que tu t'es mis à vendre ta propriété,

il serait sage que tu pries avec une sainte folie. Tu souffres de la puissance de la maison de ton père

- La pauvreté
- Etre maudit par les prophètes sataniques. Les puissances de la maison d'une personne la manipulent jusqu'à l'endroit où elles mettront une malédiction sur elle. Beaucoup vont à des églises mauvaises. Si tu leur

demandes d'en sortir, ils ne le feront pas parce qu'ils ont été mis dans les cages par les forces de la maison paternelle. Elles leur donnent des positions à l'église pour les lier.
- L'ennemi veut les détruire
- Des infirmités étranges et terribles

J'ai lu au sujet d'une femme en Europe, sa grande-mère et sa mère sont mortes du cancer du sein. Alors elle demanda au docteur d'enlever ses seins et on coupa les deux seins. Elle se disait que s'il n'y avait aucun sein que le cancer puisse attaquer, rien ne pourrait lui arriver. Mais le cancer attaqua son foie. C'est la puissance de la maison de son père
- L'esprit vagabond
- Aller de gauche à droite sans le moindre espoir
- Des enfants profanes
- La paralysie dans la prière
- L'aveuglement spirituel
- Des rêves terribles
- Echecs dans le ministère
- La régression

Je veux que tu saches que ce ne sont pas là des choses que tu peux ignorer. J'ai vu beaucoup de choses étranges dans ma vie. La plupart proviennent des mauvaises racines. J'ai vu une femme avec deux organes génitaux. J'ai vu un homme qui a des « règles ». J'ai vu une grossesse parlant. Mais cela ne m'a pas choqué comme quelque chose qui a eu lieu il n'y a pas très longtemps. Un prédicateur de 70 ans commit l'adultère avec une fille de 20 ans. Cet homme avait servi le seigneur 50 ans durant. Et pourtant l'ennemi fut capable de le tirer en bas. Lorsqu'il commença sa délivrance, il commença à savoir d'où son problème provenait. Son père avait 14 femmes. L'esprit de polygamie affecta sa fondation. La puissance néfaste de la maison de son père ne le libéra pas malgré ses 50 ans de prédicateur

EXEMPLE BIBLIQUES
Moïse est un personnage intéressant. La Bible dit dans Genève 49 : 5-7
« Siméon et Lévi sont frères. Leurs glaives sont des instruments de violences
Que mon âme n'entre pas dans leur conciliabule ! Que mon esprit ne s'unisse point à leur assemblée car dans leur colère ils ont tué des hommes et dans leur méchanceté ils ont coupé les jarrets des taureaux ! Maudite soit leur colère car elle est violente et leur fureur car elle est cruelle ! Je les séparerai dans Jacob et je les disperserai dans Israël ».

Il ressort ici qu'il y avait deux choses dans la demeure de Siméon et de Lévi qui les firent devenir des meurtriers etc...
Lisons Exodes 2 : 1-2
« Un homme de la maison de Lévi avait pris pour femme une fille de Lévi. Cette femme devint enceinte et enfanta un fils. Elle vit qu'il était beau et le cacha pendant trois mois » ces versets peuvent être interprétés de la façon suivante :
Un homme de la maison de cruauté et de la colère prit pour femme une fille de la cruauté et de colère. Donc cruauté et

colère plus cruauté et colère égal cruauté et colère.
Qu'est ce qu'elles conçurent ? Moïse et le problème de Moïse commença là. Moïse vécut une vie fascinante et distinguée. Il était le prince de l'Egypte. C'est aussi lui qui donna la loi. Il était le serviteur de Dieu, un homme plus humble que tout autre homme. Il traita avec Dieu face à face et il communiqua la parole de Dieu au peuple. Il fut des porte-parole, un psalmiste, et un prophète comme nul autre. Fils d'esclave, il vécut cependant dans un palais comme un roi. Moïse bégayait quand il parlait à l'homme mais quand il parlait à Dieu il parlait de façon fluide. Il était un puissant guerrier, il mourut seul sur la montagne et apparu avec Christ. Nul n'assista à ses obsèques. C'est Dieu qui l'enterra.

En dépit de tout cela, Moïse eut de sérieux problèmes à cause de ses racines mauvaises.

En Egypte, il tua un Egyptien. On se demanderait pour quelle raison. Il y avait une loi méchante provenant de Lévi son ancêtre. La cruauté, la colère et le meurtre s'écoulèrent jusque dans sa vie. Il tua l'Egyptien exactement comme son père Lévi le fit.

Moïse monta sur la montagne et Dieu lui donna deux tables de pierres qu'il avait lui-même taillées et sur lesquelles il avait écrit. En descendant de la montagne, Moïse vit le peuple dans un état qui lui déplaisait. La Bible dit que sa colère s'enflamma. Il jeta les tables de pierre sur lesquelles Dieu avait écrit de ses propres doigts. Ces tables disparurent à jamais. Je ne sais pas si Dieu pardonna entièrement à Moïse pour cela. Le débordement

EN FINIR AVEC LES FORCES MALÉFIQUES DE LA MAISON DE TON PÈRE

continua. Lorsque Moïse descendit de la montagne, il trouva que les enfants d'Israël adoraient le veau d'or. Ceci l'énerva tellement qu'il prit le veau, le réduisit en poudre le mit dans l'eau et força les Israélites à boire de cette eau.

Sa colère était forte au point de l'empêcher d'entrer dans la terre promise. Les forces de la maison de son père le persécutèrent au point de remporter la victoire. Il était un géant spirituel mais les forces de la maison de son père vinrent à bout de lui.

Il est intéressant de remarquer que le fait que Moïse soit dans la présence de Dieu n'ôta pas les forces du mal de la maison de son père.

Tu peux savoir comment parler en langues et prophétiser mais ces forces seront encore là. A moins que tu t'entreprennes de les renverser et de les réduire en pièces, elles te ruineront.

Satan contesta le corps de Moïse. Il dit « c'est l'un de nous. Il a l'esprit de colère c'est un meurtrier »

Les forces de la maison paternelle peuvent causer tellement de confusion dans la vie d'une personne l'empêchant d'avancer et l'attaquant avec l'esprit d'inachèvement ; on y est presque. Ceci est très sérieux. Si ceci pouvait et a pu arriver à Moïse, alors il nous faut prier dur. Sois sûr que les forces de la maison paternelle de Moïse sont ce qui lui causa des difficultés.

EN FINIR AVEC LES FORCES MALEFIQUES DE LA MAISON DE TON PERE

Abraham mentit que Sara sa femme n'était pas sa femme.

Isaac son Fils dit le même mensonge. Jacob mentit en faisant passer pour Esaï. Les enfants de Jacob mentirent que Joseph était mort. Le péché du mensonge circulait dans leur lignée familiale.

Juda avait une destinée très éclatante. Il y avait une merveilleuse destinée prophétique pour sa tribu. De lui devait être issu notre seigneur JÉSUS- Christ. Il était très important dans les plans de Dieu. L'ennemi découvrit cela et il fit tout pour le contrer

Je prie que toute force essayant de contrer ta destinée soit détruite.

Juda entra dans les problèmes fondamentaux en allant se lier par mariage aux gens dont Dieu avait dit de ne pas se lier. La perversion sexuelle satanique était si forte dans sa vie qu'il commit la fornication avec sa belle- fille. Je veux dire qu'il alla vers les prostituées. Cette fondation détruisit plusieurs générations futures.

Voilà pourquoi David qui était supposé être au front de la bataille, décida d'admirer une peinture satanique télévisée à partir du toit de son palais. Le débordement ancestral démoniaque de la maison de son père le conduisit à prendre la femme d'un autre homme
Ceci arriva jusqu'à Salomon qui eut 700 femmes et 300 concubines. Bien qu'il fût un sage, les forces de la maison de

EN FINIR AVEC LES FORCES MALEFIQUES DE LA MAISON DE TON PERE

son père l'égarèrent. Elles sont très fortes et très puissantes.

La même tendance s'observe chez Absalom fils de David. Il s'activa à coucher avec les femmes de son père. C'était un écoulement immoral. Si ces forces sont venues à bout de cet homme, il nous faut prier.
Ce courant satanique immoral dans la vie de Juda poursuivit ses descendants. Même dans sa vieillesse, David demanda une jeune fille pour se réchauffer

Il n'y aurait aucun grand mystère et aucune grande manifestation de la puissance de Dieu sans une grande délivrance de notre vie personnelle. Ce n'est que par la délivrance que nous serons libres du courant satanique de nos parents.

Juges 6 : 25
« Dans la même nuit, l'Eternel dit à Gédéon ; prends le jeune taureau de ton père et un second taureau de 7 ans. Renverse l'autel de Baal qui est à ton père et abats l'idole qui est dessus »

Dieu avait appelé Gédéon au ministère de la délivrance de son peuple. Gédéon était un puissant homme de valeur mais il était sous la régression organisée par les idoles de la maison de son père. La première consigne que Dieu lui donna fut de détruire les idoles de la maison de son père qui affectaient négativement sa destinée. Malheureusement, plusieurs d'entre nous sont encore contrôlés par les idoles de la maison paternelle. Il nous faut nous libérer par le feu. Gédéon ne pouvait aller nulle part dans son appel jusqu'à ce qu'il ait rempli cette consigne.

EN FINIR AVEC LES FORCES MALEFIQUES DE LA MAISON DE TON PERE

2 Rois 5 : 27
« La lèpre de Naaman s'attachera à toi et à ta postérité pour toujours. Et Guéhazi sortit de la présence d'Elisée avec une lèpre comme la neige »

Ici, une malédiction était prononcée par le prophète sur Guéhazi et sa suite devrait des éternels lépreux. Les forces maléfiques de la maison étaient les esprits de lèpre. Si ses descendants devaient prendre part à un ministère de guérison, le ministère ne pourrait pas les aider à moins de briser la malédiction d'Elisée et d'en venir à bout.

Bien-aimé, c'est le moment de se lever, fais une analyse spirituelle personnelle ; fais un examen scrupuleux de la vie de ta famille et finis-en avec les forces obscures qui s'y trouvent

SYMPTOMES DES STRANGULATIONS PAR LES FORCES OBSCURES DE LA MAISON DE TON PERE

- Tout ce qui est investi et tous les efforts ne procurent pas le succès
- Au lieu d'avancer, on recule
- Pertes de mémoire inexplicables
- Lorsque ceux qui devraient être des vainqueurs, échouent
- Quand une force contraire à ta volonté te gouverne.
- Quand un riche devient subitement pauvre.
- Lorsqu'on dupe quelqu'un continuellement
- Les épreuves interminables
- Des habitudes dont on est esclave : ex : l'immoralité sexuelle
- Certaines parties du corps font des mouvements

inhabituels.
- Difficulté à être baptisé dans le Saint Eprit
- Des problèmes en séries
- Lorsqu'on est possédé de démons
- Des expériences horribles dans les rêves
- Lorsqu'on participe à la religion non chrétienne
- La confusion sexuelle
- Les langues malades
- Les problèmes émotionnels
- Maladies défiant tout diagnostic et tout traitement médical
- Confusion mentale
- Manque de repos
- Le fait d'entendre des voix bizarres
- Craintes malsaines
- Les échecs
- Le fait d'opérer sous des mauvais pactes et des malédictions
- Des misères inexplicables dans la famille
- Echec dans la vie chrétienne
- Le fait de travailler dur sans en tirer aucun profit
- Des problèmes par héritage
- Oppressions constantes par les mauvais esprits
- Mauvaise tendance des problèmes dans la famille
- Echec au bord du succès
- Impiété
- Après avoir emprunté les voies normales de la prière, la discipline spirituelle, mettre la parole en pratique, etc et les victoires sont lentes ou non-existantes

EN FINIR AVEC LES FORCES MALEFIQUES DE LA MAISON DE TON PERE

HOPITAL SPIRITUEL POUR LE TRAITEMENT

Organise des stratégies de prière pour couvrir les aspects suivants.
- Repentance profonde et complète
- Annuler tout pacte fait par tes ancêtres avec des forces démoniaques
- Rejeter tout mariage spirituel avec des esprits obscurs exemple : les esprits de l'eau
- Mettre fin à tout sacerdoce satanique
- Susciter un nouveau sacerdoce
- Ebranler les fondations de tout ce qui est caché dans les lieux célestes contre toi
- Détruire toute alliance et tout pacte fait par le peuple avec leurs ancêtres
- Effacer tous les mauvais projets
- Rompre toutes les alliances de sang
- Proclamer les bénédictions de Dieu sur le territoire
- Arracher les clés de la main de l'homme fort
- Fermer les portes à l'homme fort
- Demander à Dieu de changer les gardes de la porte
- Proclamer que la création ne répondra plus aux méchancetés
- Dédier les portes de Dieu
- Lier les esprits supervisant les autels
- Libérer les captifs des autels
- S'adresser aux esprits des eaux à l'origine des désastres
- Ré-dédicace

Sujets de prière

1- Au nom de JÉSUS, je renvoie chaque flèche provenant

des idoles de ma famille
2- Toute force maléfique de la maison de mon père péris au nom de JÉSUS
3- Toute force maléfique de la maison de ma mère péris au nom de JÉSUS
4- Dieu se lève et les problèmes persistants périssent au nom de JÉSUS
5- Tout cercle d'épreuves se rompt au nom de JÉSUS
6- Où est le Dieu d'Elie, élève toi et manifeste ta puissance au nom de JÉSUS
7- La voix de mon ennemi ne prévaudra pas sur ma destinée au nom de JÉSUS
8- Toutes terreurs de la nuit, dispersez-vous au nom de JÉSUS
9- Toute sorcellerie défiant ma destinée, périssez au nom de JÉSUS
10- Toute semence de l'ennemi dans ma destinée péris, au nom de JÉSUS
11- Tout rêve de régression péris, au nom de JÉSUS
12- Puissance de Dieu déracine toute mauvaise implantation de ma vie au nom de JÉSUS
13- Vautour de destinée, vomis mes percées au nom de JÉSUS
14- Puissances maléfiques qui poursuivaient mes parents, libérez-moi au nom de JÉSUS
15- Je renvoie toute flèche de sorcellerie lancée contre moi comme un bébé au nom de JÉSUS
16- Feu de Dieu, tonnerre de Dieu, poursuivez ceux qui me poursuivent
17- Feu du Saint-Esprit, purifie mon sang des injections

sataniques au nom de JÉSUS

18- Forces maléfiques de la maison de mon père qui ne veulent pas me laisser aller, périssez ! au nom de JÉSUS

19- Forces désignées pour gâcher ma vie périssez au nom de JÉSUS et soyez dispersées

20- Toute force d'herbe oeuvrant destinée contre ma vie péris au nom de JÉSUS

21- Je détruis toute maladie dans ma vie au nom de JÉSUS

22- Puissances des idoles de la maison de mon père, périssez au nom de JÉSUS

23- Forces maléfiques qui me poursuivent de la maison de mon père, périssez au nom de JÉSUS

24- Puissances maléfiques me poursuivant de la maison de ma mère, périssez au nom de JÉSUS

25- Arbre de sorcellerie liant mon placenta, péris au nom de JÉSUS

26- Où est le Dieu d'Elie, élève-toi et combats pour moi au nom de JÉSUS

27- Tout rêve de régression de ma destinée péris au nom de JÉSUS

28- Lien fondamental, brise-toi au nom de JÉSUS

29- Rêves alimentés par la sorcellerie, périssez au nom de JÉSUS

30- Vautour sorcier, vomissez ma destinée au nom de JÉSUS

31- Tout problème visant à détruire ma destinée péris au nom de JÉSUS

32- Méchants intrus, sortez de ma destinée au nom de JÉSUS

33- Devant ceux qui demandent ce que fait mon Dieu, ô Dieu, élève-toi et manifeste ta puissance

34- Que tout animal satanique envoyé dans mes rêves périsse au nom de JÉSUS

35- Tout herboriste cherchant ma face reçois le feu de Dieu au nom de JÉSUS

36- Que tout poison de serpent et de scorpion sorte de ma destinée et périsse au nom de JÉSUS

37- Elève-toi dans ma vie ô Dieu afin que le monde sache que tu es mon Dieu

38- Toute semence de sorcelleries dans ma destinée péris au nom de JÉSUS

39- Tout ennemi de ma croissance et de ma destinée se disperse au nom de JÉSUS

40- Tout ennemi à mon progrès disperse-toi au nom de JÉSUS

EN FINIR AVEC LES FORCES MALÉFIQUES DE LA MAISON DE TON PÈRE

CHAPITRE DEUX

DORMIR PAISIBLEMENT SOUS LA TENTE DE LA MAISON DE TON PERE

Il se pourrait que le titre de ce chapitre te paraisse étrange. Tu le comprendras sûrement au fur et à mesure que tu avanceras dans la lecture. Je m'en vais cependant citer quelques passages des Ecritures en commençant par **Jérémie 48 : 11** « Moab était tranquille depuis sa jeunesse, il reposait sur sa lie. Il n'était pas vidé d'un vase dans un autre et il n'était pas en captivité, aussi son goût lui est resté et son cœur ne s'est pas changé »

Il y a un message de Dieu pour quiconque lit ce livre. Cependant, il existe des gens spécifiques pour qui Dieu adresse ce message. Moab est dans les problèmes, il a toujours mené une vie d'aisance, il s'était établi sur son moindre, il n'avait pas été transvasé il n'était jamais allé en captivité.

Ce n'est que lorsqu'un homme est allé en captivité et qu'il est ressorti qu'il mesure la valeur véritable de la liberté. Plusieurs de ceux dont les parents ont connu le Seigneur avant la naissance pourrait ne pas savoir ce que c'est que les liens. Mais lorsque quelqu'un a été plongé dans les ténèbres et qu'il en ressorti, il apprécie automatiquement la valeur de la liberté.

Moab n'était jamais allé en captivité donc, son goût resta le même. Sa saveur ne change pas. Tout ceci veut dire que Moab dormait paisiblement dans la tente de son père, refusant de changer

Il y a beaucoup de gens qui dorment paisiblement dans la tente de leur père et de même qu'un homme ivre ou un homme sous un mauvais sort, ils obéissent aux mauvais critères qui ont

EN FINIR AVEC LES FORCES MALEFIQUES DE LA MAISON DE TON PERE

détruit la vie de leurs pères. Si nous lisons Luc 7 : 31- 34

Nous verrons que JÉSUS aussi se plaint qu'il y a des gens dormant paisiblement sous la tente de leur père
Luc 7 : 31- 34
« A qui donc comparerais-je les hommes de cette génération et à qui ressemblent-ils ? Ils ressemblent aux enfants assis dans la place publique et qui se parlant les uns aux autres disent : Nous vous avons joué de la flûte et vous n'avez pas dansé, nous vous avons chanté des complaintes et vous avez pas pleuré. Car Jean-Baptiste est venu, ne mangeant pas de pain et ne buvant pas de vin et vous dites : Il a un démon. Le fils de l'homme est venu, mangeant et buvant et vous dites : c'est un mangeur et un buveur, un ami des publicains et des gens de mauvaise vie »

La ligne de fond de ce que JÉSUS disait c'est que cette génération dormait paisiblement sous les tentes de son père. Beaucoup de choses se passent autour de nous maintenant. Nous avons joué des flûtes aux gens et ils n'ont pas dansé, nous leur avons chanté des complaintes et ils ne se sont pas lamentés. C'est-à-dire qu'il n'y a aucun changement et c'est très triste.
Examinons davantage le problème de Moab dans Esaïe 16 : 6
« nous entendons l'orgueil du superbe Moab, sa fierté et sa hauteur, son arrogance et ses vains discours. »
verset 12
« On voit Moab qui se fatigue sur le haut lieu. il entre dans son sanctuaire pour prier et il ne peut rien obtenir »

EN FINIR AVEC LES FORCES MALEFIQUES DE LA MAISON DE TON PERE

Moab refusait de changer ; il dormait paisiblement sous la tente de son père. On pourrait donc demander : quelle est l'origine de Moab ?

Dans Genèse 19 : 29-38 : Tu peux voir l'origine des problèmes actuels de Moab afin que cela te pousse à crier au seigneur aujourd'hui.

« Lorsque Dieu détruisit les villes de la plaine, il se souvint d'Abraham et il fit échapper Lot du milieu de désastre, par lequel il bouleversa les villes où Lot avait établi sa demeure. Lot quitta Tsoar pour la hauteur et s'établit sur la montagne avec ses deux filles car il craignait de rester à Tsoar. Il habita dans une caverne, lui et ses deux filles. L'aîné dit à la plus jeune : Notre père est vieux et il n'y a point d'homme dans la contrée pour venir vers nous, selon l'usage de tous les pays. Viens, faisons boire du vin à notre père et couchons avec lui, afin que nous conservions la race de notre père. Elles firent donc boire du à leur père cette nuit-là ; et l'aînée alla coucher avec son père. Il ne s'en aperçut ni quand elle se coucha ni quand elle se leva. Les deux filles de Lot devinrent enceinte de leur père. L'aînée enfanta un fils qu'elle appela du nom de Moab ; c'est le père des moabites jusqu'à ce jour. La plus jeune enfanta aussi un fils qu'elle appela du nom de Ben-Ammi ; c'est le père des Ammonites jusqu'à ce jour »

Ainsi, l'origine de Moab fut Sodome et Gomorrhe

Celui qui a l'esprit de Moab essaie de compromettre sa foi au milieu des peuples impies

EN FINIR AVEC LES FORCES MALEFIQUES DE LA MAISON DE TON PERE

Moab est originaire d'une ville plaine d'immoralité sexuelle, de l'abomination et de la sodomie. Moab prit racine quand Dieu dit à un homme de quitter un lieu qu'il allait détruire sans que ce dernier le veuille et il perdit sa femme comme conséquence

Moab prit racine lorsque Dieu ordonna à un homme sur la montagne mais ce dernier préféra plutôt la vallée. C'était dans l'ivresse, l'inceste, et la tromperie avec le vin pour commettre des atrocités.

Ainsi, Moab avait beaucoup de choses terribles dans sa fondation. Il n'y aurait en aucun problème si Moab avait décidé de changer.

Il y a dans la bible, des personnes ayant des back grounds plus terribles encore. Après tout, le père du roi Ezéchias fut l'un des rois le plus impie dans la bible Manassé était un grand sorcier, un homme très occulte.

En fait, la bible lui accorde une place spéciale. Mais le roi Ezéchias décida de ne pas dormir sous les tentes de ses pères, il en sortit et aujourd'hui, nous lisons du bien de lui

UN CRI AU CHANGEMENT

Il nous faut lire la bible correctement. Elle fait état de plusieurs types de cris. Voyez ces hommes qui ont crié et crié et crié. Lorsqu'il est dit que quelqu'un invoqua. C'est aussi tout autre

chose bien distincte. Lorsqu'il est dit que les gens crièrent dans la bible, il s'agissait généralement d'un cri pour le changement.

Jacob cria sept heures d'affilé « bénis-moi sinon je ne te laisserai point aller » Que faisait l'ange en ce lieu ? Il voulait voir si Jacob se résignait facilement. Il est impossible qu'un homme lutte avec un ange et gagne en deux minutes. En une seconde l'ange peut démanteler toutes les fonctions de son organisme. Mais dans le cas échéant, Dieu voulait voir si Jacob était sérieux. Il voulait voir si Jacob abandonne la parti. Pendant que Jacob insistait, il se pourrait que l'ange prie en secret bien qu'il ne puisse directement dire à Jacob : ne t'arrête pas ! Quand le temps fut accompli, il regarda Jacob et lui dit : « quel est ton nom ? » « Jacob » répondit-il. L'ange lui dit : « on ne t'appellera plus Jacob, mais on t'appellera Israël »

La destinée de Jacob changea en ce jour-là. Je prie que aujourd'hui soit ton jours au nom de JÉSUS

Ainsi, Jacob cria par ce qu'il ne voulait pas dormir paisiblement dans la tente de son père, il fallait qu'il fasse du progrès.

En Egypte, les enfants d'Israël crièrent à l'Eternel « ô Dieu, délivre-nous de la main du pharaon » Ils demandaient un changement.

Jaebets cria à l'Eternel « oh bénis—moi vraiment et pardonne mes offenses. Elargis mon coût et préserve-moi du mal » cet homme vit que son arrière-plan était mauvais et enclin à lui

EN FINIR AVEC LES FORCES MALEFIQUES DE LA MAISON DE TON PERE

causer beaucoup de problèmes. Il cria pour un changement et quelque chose se passa, sa vie fut changée

Elie était en grand danger sur le mont Carmel en face de 450 hommes du diable. Plusieurs se plaignent d'être persécutés dans la maison de Dieu mais je m'attends encore de voir un homme persécuté par 450 hommes dans une église. Elie se tint devant eux et leur demanda d'invoquer leur dieu pendant que lui invoquerait le sien et que c'est celui-là qui répondrait par le feu qui serait Dieu ;

Les enfants d'Israël que Dieu avait délivrés de la maison de servitude se tenaient là en spectateur pendant que Elie devait relever le défi, tout seul Israël avait complètement rétrogradé. Vu la manière par laquelle Dieu les avait élevés, ils n'avaient pas besoin qu'un quelconque Elie leur dise que Dieu peut répondre par le feu. Mais ce jour-là, ils ne firent qu'observer, amusés pendant qu'éventuellement, Elie devait invoquer, crier au Dieu d'Israël et d'Abraham « qu'on sache aujourd'hui que je suis ton prophète et que j'ai fait ces choses par ta parole. Réponds-moi ô Dieu, réponds-moi afin que le peuple sache que c'est toi l'Eternel qui ramène leur cœur. »

Et le feu tomba. Que serait-il arrivé à Elie si le feu n'était pas descendu du ciel ? Voilà pourquoi je sais que le Dieu qui répondit par le feu est mon Dieu.
Je t'entraîne dans ces cris dans les Ecritures afin que tu vois ces hommes qui ont crié à l'Eternel parce qu'ils étaient insatisfaits de la manière dont les choses se déroulaient dans

leur vie.

Puis ce fut le tour d'Elisée qui arriva près du Jourdain après l'enlèvement de Elie. Tout ce qui lui restait était la tunique qui était tombée lorsque Elie fut enlevé. Il lui fallait à tout prix traverser le même fleuve sinon des bêtes féroces de ce côté là l'auraient tué. Son maître Elie avait une certaine puissance et pourtant, même avec cela, Jézabel le chassa dans le désert. Elisée savait que s'il lui fallait survivre, alors il avait besoin d'une puissance supérieure à celle d'Elie. Il cria pour un changement. Il saisit la même tunique et dit : « où est l'Eternel, le Dieu d'Elie ? » Et lorsqu'il frappa le Jourdain, ce fut le changement dans sa vie.

Il y eut un autre homme dans la bible. Son nom était zorobabel. Lui aussi cria à l'Eternel. Son cri fut : « qui es-tu grande montagne devant Zorobabel, tu seras une plaine » Ceci peut être assimilé à ta situation actuelle. Et que se passa-t-il après le cri ? La montagne devint une plaine devant lui.

Lorsque Jésus arriva à la tombe de Lazare il ne leva pas les mains pour commencer à supplier. Il parla à son père de façon révérencielle et tranquille. Au moment de parler au tombeau, sa voix changea. Il poussa un cri : « Lazare, sort ! Et l'homme revint en vie rapidement.

Pourquoi a-t-il fallu que Jésus élève la voix ?

Et bien il priait pour un changement de position spirituelle. Il

EN FINIR AVEC LES FORCES MALEFIQUES DE LA MAISON DE TON PERE

voulait que Lazare soit ramené du monde spirituel à son corps naturel et son corps soit ravivé. Il voulait que les gardiens de

prison des portes du ciel relance Lazare

L'aveugle Bartimée poussa le même cri parce qu'il voulait un changement. Il en avait assez de demander l'aumône pour survivre. Il en avait assez qu'on fasse remonter de la rigole chaque fois qu'il y tombait. Alors il cria au seigneur. C'est là le genre de cri qu'il te faut pousser pour obtenir le changement dont tu as besoin dans ta vie.

Bien-aimé, la vérité c'est ceci : Soit-tu expérimente un changement, soit alors tu t'endurcis. Il ne se produit aucun changement sans inconvénient. Il faut qu'il y ait quelque part quelques inconvénients. Tu pourrais ne pas le vouloir mais c'est ce changement qui te permettra de faire du progrès. Il n'y a qu'un homme mort ou très insensé qui refuserait de changer. Le changement est l'essence même de la vie. Résister au changement est résister à la vie même.

Ce que Dieu te dit dans tous les messages que tu as lus et entendu c'est qu'il veut que tu changes. Certains changements que plusieurs d'entre nous ne voudraient pas pourraient s'opérer. Beaucoup de gens voudraient s'accrocher à leur passé familier. Si tu veux t'attacher à son passé familier alors oublis l'avenir. Si en tant que conducteur d'une voiture, au lieu de regarder à travers ton pare-brise, tu te cantonnes à regarder au rétroviseur tu vas inévitablement faire un accident. Même si tu ne conduis pas une voiture mais tu insistes de voir tous ceux qui sont en arrière, il te faudra tourner ta face en arrière. Et si tu vas devant avec la face tournée derrière, tu vas bientôt trébucher et te faire mal.

Beaucoup de croyants ont si peur de s'aventurer dans des territoires inexplorés et plusieurs s'accrochent avec entêtement à des vieilles habitudes mortes. Certains s'accrochent à des vieux amis d'enfance qui ont ruiné leur vie. Certains s'attachent aux gens qui ont fait régresser leur vie ; la bible dit : « sois en compagnie des sages et tu deviendras sage, sois en compagnie des insensés et tu deviendras un insensé. »

Il te faut décider de changer. Examines toutes ces vieilles habitudes et complaisances. Considère tous tes amis, assieds-toi tranquillement quelque part et demande-toi ce que chacun d'eu a apporté dans ta vie. A-t-il ou elle ajouté ou retranché de moi ? Tu dois défier toutes ces vieilles traditions qui ne t'ont rien apporté. Ton père a-t-il apporté un banc à l'église avec ton nom de famille dessus ? et tu attaches un grand foulard et tu t'y assieds ne sachant juste pas que tu te fais cuire toi-même. Et dès qu'il y a des difficultés, tu t'avances pour la délivrance après quoi tu retournes à la place de ton père dans une église là où on met des armes plus meurtrières sur toi et ensuite tu recommence à courir.

Combien de temps dormiras-tu paisiblement dans la tente de ton père ? Rappelle-toi bien-aimé que si le grain ne tombe en terre, il ne reprend pas racine. Si quelqu'un décide de conserver

EN FINIR AVEC LES FORCES MALÉFIQUES DE LA MAISON DE TON PÈRE

toutes ses graines dans sa main et continue à résister au changement, il peut être sûr que seul le nombre de grains qu'il a lui restera

Bien-aimé, remarque que quand tu regardes le ciel, les étoiles ne brillent pas avant la nuit. Cela eut dire que si tu assistes régulièrement à nos réunions de prière et tu continues à dire que tu es toujours le même, tu es misérable. Cela veut dire que tu ne peux pas être transformé. Si Dieu t'appelle à changer et tu refuses, il va te bombarder avec des problèmes et quand ces bombardements vont arriver, tu continueras à crier « obstacles, obstacles, hors de mon chemin ! » Mais l'obstacle dira « monsieur, ce même nom que tu prononces est celui qui les a mis sur ton chemin ! »

Quand la vie change, le monde change. Il faut un changement pour que tu passes de là où tu es à là où Dieu veut que tu sois. C'est à cause du manque de changement qu'il y a des gens talentueux mais sans succès. Une seule chose changée dans ta vie peut suffire à bouleverser toute ta vie. Plusieurs de nous doivent demander à Dieu une bonne bride pour nos bouches.

Une fois, en effet, que Dieu ferme cette bouche pour toi, tu avanceras par le feu. Dieu ferma la bouche de Zacharie parce que ce dernier disait des ordures. Par ses propres paroles, un homme peut détruire ses percées. Le petit changement que Dieu pourrait être en train d'exiger de toi pourrait être de veiller sur tes paroles.

EN FINIR AVEC LES FORCES MALÉFIQUES DE LA MAISON DE TON PÈRE

Pour la plupart d'entre nous, tout ce qu'il pourrait attendre de nous, c'est que nous soyons saturés de la bible. Et lorsque ta piètre excuse est que ton cerveau retient trop peu, lis la bile et décide de changer. Tu serras étonné de ce que le seigneur fera pour toi.

Tu ne peux certainement pas changer ton héritage biologique mais tu peux changer ton héritage spirituel. Tu peu sortir de

cette tente maléfique où tes ancêtres ont été emprisonnés.

Regarde les usines, plusieurs ferment à plusieurs endroits. Si tu arrives quelque part à l'étranger, tu verras les restes d'une usine jadis prospère qui a fini par fermer. Leur principal problème c'est qu'elles refusaient de changer.

Le changement implique le mouvement et le mouvement la friction. Ce que j'ai découvert au cours de mes années de conseils c'est qu'il est loin de plus facile aux gens de crier que de changer. Les femmes qui ferment leur bouche se font difficilement battre. Très souvent le changement est essentiel par la survie même s'il est difficile. Nous ne pouvons pas devenir ce que nous cherchons à devenir si nous demeurons là où nous sommes. Le changement doit commencer e le jour où tu cesses de changer, tu es fini. Dormir paisiblement sous la tente de ton père, bien- aimé c'est stagnation si tu ne changes pas, tu ne grandiras pas.

Il y a quelques temps, je suis allé dans la ville où j'ai fait mon école primaire. L'endroit n'avait pas changé. Il y avait dans les salles de classes, ces tous petits sièges sur lesquels on s'asseyait à l'âge de six ans. Si je décide de m'y rassoir maintenant, je ne serai pas confortablement assis. Il faut qu'il y ait un changement.

Le monde hait la transformation et pourtant c'est la seule chose qui apporte le progrès. Quand les gens viennent aux Ministères de la Montagne de Feu et des miracles, l'une des premières choses qui change c'est leur vie de prière, et dès que toute petite autre chose change dans leur vie de prière, tout autre chose se met en marche. Quand l'ennemi veut en finir avec quelqu'un, il paralyse sa vie de prière. Dès qu'il réussit, tous les cris de supériorité de cette personne sur les démons ne sont qu'une perte de temps.

Sans changement, il n'y a pas de progrès. La seule institution humaine où rien ne change c'est le cimetière. Beaucoup de gens résistent au changement. Certains le tolèrent pendant que d'autres l'acceptent totalement. Si tu ne cris pas pour un changement aujourd'hui, tu demeureras dans tes chaînes

Tu as peut-être remarqué que ta vie est attaquée, malade, limitée ou persécutée, il faut que tu cries au changement ; peut-être es-tu une personne horizontale à l'église dont la principale préoccupation est le commérage et la diffusion des rumeurs. Les personnes horizontales, en général ne font aucun progrès, tandis que les personnes verticales font du progrès et s'avancent vers Dieu

EN FINIR AVEC LES FORCES MALEFIQUES DE LA MAISON DE TON PERE

Tu dois crier au changement aujourd'hui pour ne pas être comme quelqu'un qui cherche à traire le lait d'une vache morte ; quelqu'un qui s'est inscrit à l'école de la stagnation. Quelqu'un qui recouvre sa plaie ou sa blessure par le rouge à lèvre. C'est à toi de crier au changement, personne d'autre ne le fera pour toi

Si tu cries et les choses changent, tu seras différent, sinon tu seras le même. Si tu as de la haine pour le changement, cette haine est l'architecte même de la décomposition. Voilà pourquoi mon chant favori que je chante depuis toujours est : « fais

quelque chose de nouveau dans ma vie, quelque chose de nouveau dans ma vie aujourd'hui ; fais quelque chose de nouveau dans ma vie, quelque chose de nouveau dans ma vie aujourd'hui. »

Ce chant dit que tu veux un changement. Peut-être est-il l'une de ces personnes qui continuent à agiter leurs chapelets devant le serpent du village et le serpent avale ton chapelet et tu te demandes ce qui se passe ou alors tu es de ces gens-là qui sont instruits mais qui laissent leur voiture pour venir à l'église pieds nu, ou alors tu es de ces gens qui ont reçu une ordination étant perdus, ils ont reçu un grand poste qui les éloigne de leur destinée et qui continuent à te réjouir qu'ils sont ceci ou cela ? Tu as besoin de crier au seigneur pour savoir où tu es.

Si tes percées ont été piètres, crie au seigneur ; si tu as

réalisé que tu es dans les mauvaises habitudes de la famille, cries à Dieu maintenant. Si tu sais que tes comptes sont ruinés, l'ennemi a soufflé l'esprit de ruine sur eux, cries à Dieu maintenant.

Peut-être que tu souffres de ce qu'on appelle la paralysie de la prière. Cries à Dieu pour un changement. Peut-être que tu souffres d'un détournement maléfique. Tu as de bénéfices à l'étranger mais tu as été capturé tu as été pris dans le filet de l'oiseleur. Il faut que tu cries au changement maintenant.

Peut-être vis-tu dans la désillusion. Il te faut crier au seigneur pour un changement

Quelque fois, il faut juste un petit changement dans la vie pour une percée. Ce que plusieurs considèrent comme des problèmes ne sont en réalité que des sonnettes d'alarme pour le changement.

Après avoir utilisé plusieurs moyens pour parler à une personne sans obtenir de résultat tangible de cette personne, ce que Dieu fait dans la suite c'est de résister à une telle personne comme ce fut le cas avec Adam, Balaam et Jonas.

Peut-être que maintenant, tu es insatisfait par les sentiments de frustration, d'inutilité, d'absence de but ; Ou de vie gâchée. Tu sais que tu es intelligent mais personne ne désire tes services et tu es découragé à cause de cela. Ou alors tu sais que maintenant même, l'ennemi danse partout dans le jardin de ta vie. Il te faut crier à Dieu. Dis—lui que tu as besoin d'ouvrir ton jardin, le jardin de ta vie au Saint-Esprit, que tu dois prendre position contre toute attitude qui n'est pas de Christ dans ta famille. Tu dois aller au seigneur avec le cri que tu veux obéir à 100%° à tout ce qu'il te dit. Dieu a un travail à faire et il a suscité des hommes et des femmes pour faire ce travail. Si tu as le privilège d'être l'un de ceux qu'il a suscité pour faire ce travail et d'une manière ou d'une autre il demande un changement dans ta vie mais tu refuses, il suscitera des pierres pour te remplacer dans cette tâche. Il ne peut pas laisser un vide dans son plan. Nul n'est indispensable dans l'œuvre de Dieu. Si tu penses être la plus talentueuse des personnes dans l'univers, sache que Dieu peut créer une autre personne, lui donner plus de talents qu'à toi juste pour confondre ton orgueil.

Beaucoup de gens suivent les penchants de la tente de leur père. Si tu lis ce livre et tu sais que tu n'as pas encore donné ta vie à Christ, je te conseille de le faire maintenant afin que la réponse de Dieu à ton cri soit prompte aujourd'hui

Avant d'écrire ce chapitre, Dieu m'a révélé qu'il y a des millions de gens qui marchent derrière leurs péchés. Cela signifie que ces péchés devaient être dans leurs mains, mais elles les ont traversés à cause de certains changements qu'ils ont refusés dans leur vie.

Le jour où tu commenceras à faire des prières correctes, les choses correctes commenceront à se produit. Ne t'inquiètent pas des sorciers qui tournent autour de toi, quand ils commencent par mourir un à un, ils te laisseront tranquille. Ne t'inquiètent pas des gens qui ont fait des menaces à ta vie. Lorsque Dieu va anéantir leur pouvoir, ils te laisseront en paix. Mais avant de faire ces choses Dieu a des choses que tu dois d'abord faire. Si la puissance spirituelle de tes mains est faible et tu voudrais porter quelque chose de lourd et que le seigneur te dise « fils, ajoute cette force- ci à tes mains avant tout » et que tu t'obstines à refuser, alors tu es en train de t'éloigner de tes percées.

Le seigneur a dresse une table en face de notre ennemi pour la plus part de nous. Malheureusement certaines personnes continuent à disperser la table avec leurs jambes c'est très dommage. En lisant ceci, confesse tes insuffisances au seigneur. Dis-lui que tu regrettes. Dieu veut que tu changes dans beaucoup de domaines. Es-tu en train de lui résister ? Tu ferais mieux de lui demander pardon afin de pouvoir faire un progrès immédiat. Promets-lui de changer quel que soit le domaine de ta vie où il te demandera de changer. Demande-lui de te pardonner et dis à lui que tu commences à changer. Demande-lui de te pardonner et dis-lui que tu commences à changer dès maintenant. Si c'est au sujet de l'ardeur de ta prière, demande-lui de te pardonner.

EN FINIR AVEC LES FORCES MALEFIQUES DE LA MAISON DE TON PERE

POINTS DE PRIERES

1- Ô toi qui sèmes le trouble dans mon Israël, Dieu te troublera au nom de Jésus
2- Tous esprits générationnels rapportant mon passé à mon avenir, allez-vous-en au nom de Jésus
3- Toutes les forces obscures à l'œuvre contre ma famille, qui attendez-vous ? périssez au nom de Jésus
4- O Dieu qui délivra Daniel de la fosse aux lions délivre-moi par le feu au nom de Jésus
5- Où est l'Eternel, le Dieu d'Elie ? manifeste ta puissance dans ma destinée au nom de Jésus
6- Toute stagnation occulte dans ma destinée périssez au nom de Jésus
7- J'ai besoin d'une transformation divine par le feu au nom de Jésus
8- Ecoute la voix du Dieu vivant, toi ma destinée et change pour le meilleur au nom de Jésus
9- Je ne dormirai pas paisiblement dans la tente de mon père au nom de Jésus
10- Vous, puissances dans les lieux célestes, écoutez ma prophétie : j'ai besoin d'une transformation par le feu au nom de Jésus
11- Occultisme anti-succès, péris au nom de Jésus
12- Toute cage dans la maison de mon père péris au nom de Jésus
13- Par la puissance qui transforma la vie de Jabès, que ma vie change au nom de Jésus
14- (Elève tes mains vers les cieux) toute principauté

qui dit que ces mains ne prospéreront point péris au nom de Jésus

15- la puissance des idoles de la maison de mon père écoute la parole du Dieu vivant : je ne suis pas un candidat pour toi c'est pourquoi, péris au nom de Jésus

EN FINIR AVEC LES FORCES MALEFIQUES DE LA MAISON DE TON PERE

EN FINIR AVEC LES FORCES MALEFIQUES DE LA MAISON DE TON PERE

CHAPITRE TROIS

TA DESTINE ET LA SORCELLERIE DOMICILIAIRE

EN FINIR AVEC LES FORCES MALEFIQUES DE LA MAISON DE TON PERE

Ce chapitre est constitué de 3 mots clés : destinée ; domicile ; sorcellerie

La destinée
- C'est le plan de Dieu pour ta vie, c'est le futur que Dieu a choisi pour toi.
- C'est ce que Dieu a prédéterminé, tu seras ou alors tu es devenu. Voilà pourquoi l'ennemi peut se définir comme tout esprit, puissance ou personnalité qui voudrait t'empêcher de réaliser ta destinée divine.
- C'est la raison pour laquelle tu es né
- Tu ne dois pas prendre à la légère une force qui t'empêche d'accomplir le but pour lequel tu es né
- C'est ce que Dieu avait dans son cœur avant de te créer et de t'envoyer sur terre
- C'est ce que Dieu a écrit à ton sujet dans son livre de vie.

Notre seigneur Jésus Christ parla de sa destinée à plusieurs reprises. Une fois, il dit : « le fils de l'homme s'en va selon qu'il est écrit. » si une puissance s'oppose à ce que tu ailles selon qu'il est écrit de toi, cela veut dire qu'une telle puissance a réécrit ta destinée. Voilà pourquoi la bible parle de falsifications

Le second mot est Domicile
- C'est l'unité domestique qui contient tous les membres de ta famille vivant ensemble
- Cela peut aussi être là où les gens habitent ou bien la possession d'un tel endroit

Donc le mot « Domicile » couvre un grand champ sémantique.

La Sorcellerie

- C'est l'arme légale de Satan, son arme de destruction, sa puissance pour faire et pour défaire. Voilà pourquoi l'un des merveilleux passages de la bible dit que Jésus le fils de Dieu a paru afin de détruire les œuvres du diable.

QUELQUES CAS DE LA MECHANCETE AU SEIN DE LA FAMILLE DANS LES ECRITURES

Dans Genèse 4 : 8 il est écrit :
« Cependant, Caïn adressa la parole à Abel son frère. Mais comme ils étaient dans les champs Caïn se jeta sur son frère Abel et le tua. »
Ceci est un cas de méchanceté au sein de la famille. Il s'agissait ici de deux frères sortis du même sein.
De même dans **Genèse 37 : 23- 24** ; il est écrit :
« Lorsque Joseph fut arrivé auprès de ses frères, ils le dépouillèrent de sa tunique, de la tunique de plusieurs couleurs qu'il avait sur lui. Ils le prirent et le jetèrent dans la citerne. Cette citerne était vide, il n'y avait point d'eau. Qui étaient ceux-là qui firent cela à Joseph ? C'était ses propres frères. Je prie que toute force célébrant le mal contre toi soit confus au nom de Jésus. Maintenant, lis les versets 25- 28 : Ils s'assirent ensuite pour manger. Ayant levé les yeux, ils virent une caravane d'Ismaélites qui venait de Galaad. Leurs chameaux étaient chargés d'aromates, de baumes et de myrrhe qu'ils transportaient en Egypte. Alors, Juda dit à ses frères : Que gagnerons-nous à tuer notre frère et à cacher son sang ?

EN FINIR AVEC LES FORCES MALÉFIQUES DE LA MAISON DE TON PÈRE

Venez, vendons-le aux ismaélites et ne mettons pas la main sur lui car il est notre frère, notre chair et les frères l'écoutèrent. Au passage des marchands midianites, ils tirèrent et firent remonter Joseph hors de la citerne et ils le vendirent pour vingt sicles d'argent aux ismaélites qui l'emmenèrent en Egypte.
Dans Nombres 12 : 1-3
« Marie et Aaron parlèrent contre Moïse au sujet de la femme éthiopienne qu'il avait prise car il avait pris une femme éthiopienne. Ils dirent : est-ce seulement par Moïse que l'Eternel parle ? et l'Eternel entendit. Or, Moïse était un homme fort patient, plus qu'au un homme sur la face de la terre. »

L'ignorance est une chose terrible. C'est la mère de l'auto-destruction. Un peu d'ignorance et beaucoup de choses sont détruites à toujours. Il est donc nécessaire de savoir qu'il y a un esprit derrière la méchanceté au sein de la famille. C'est cet esprit là qu'il nous faut arrêter.

Comme on peut le voir avec Joseph, Dieu avait un plan spécial pour sa vie
En fait, la raison pour laquelle tu es encore en vie aujourd'hui, ce n'est pas qu'il n'y ait pas d'esprits qui n'en veulent à ta vie, c'est parce que Dieu a un but pour ta vie.

Dans la vie de Moïse, nous voyons aussi la méchanceté au sein de la famille en opération. Qui était Marie ? c'était la femme qui avait enlevé Moïse de l'eau. Et qui était Aaron ? c'est son frère aîné ? Ces deux là se liguèrent ensemble pour parler contre Moïse, mais Dieu merci, il intervint.

EN FINIR AVEC LES FORCES MALÉFIQUES DE LA MAISON DE TON PÈRE

Il est dit dans Juges 15 : 9-12
« Alors, les philistins se mirent en marche, campèrent en Juda et s'étendirent jusqu'à Léché. Les hommes de Juda dirent : pourquoi êtes-vous montés contre nous ? ils répondirent : Nous sommes montés pour lier Samson afin de le traiter comme il nous a traités. Sur quoi trois mille hommes de Juda descendirent à la caverne d'Elaam et dirent à Samson : Ne sais-tu pas que les philistins dominent sur nous ? que nous as-tu donc fait ? Il leur répondit : je les ai traités comme ils m'ont traité. Ils lui dirent : nous sommes descendus pour te lier afin de te livrer dans les mains des philistins. Samson leur dit : Jurez-moi que vous ne me tuerez pas. »

Ainsi, même les frères de Samson virent pour le lier. Un autre cas de méchanceté au sein de la famille.
Juges 16 : 6
« Dalila dit à Samson : dis-moi je t'en prie d'où vient ta grande force et avec quoi il faudra te lier pour te dompter. »

Samson venait juste d'épouser une femme qui lui demandait l'origine de sa grande force afin de le tourmenter. La femme n'avait pas caché ses intentions. Si tu es pasteur et ta femme te confronte avec une question pour te détruire.
Je suis sûre que la première chose que tu diras c'est qu'elle a besoin de délivrance.

2 Samuel 15 : 3
« Absalon lui disait : vois, ta cause est bonne et juste mais personne de chez le roi ne t'écoutera. »

C'était là un autre cas de méchanceté au sein de la famille, David fuyant devant son fils.
Quand nous lisons Job 2 : 9, nous voyons que Job ne réalisait pas qu'il était au centre de la compétition où les anges l'incitaient à aller de l'avant et le diable suppliait Dieu de l'éprouver pour qu'il tombe. Sa femme ne le savait pas. « Ensuite sa femme lui dit : tu demeures ferme dans ton intégrité ; maudis Dieu et meurs. »

Sa femme avait l'intention d'épouser une autre personne. Nous avons des femmes méchantes de même que nous avons des maris méchants.

Dans Michée 7 : 6, nous lisons :
« Car le fils outrage le père, la fille se soulève contre sa mère ; la belle-fille contre la belle-mère et l'homme a pour ennemi les gens de sa maison. »

La grande muraille de Chine est si élevée qu'aucun ennemi ne pouvait la franchir. La première fois que les ennemis réussirent à la franchir fut lorsque les gardes acceptèrent un pourboire. Ceci corrobore un proverbe Yoruba qui dit : Celui qui ne sait pas s'occuper de sa propre maison ne pourra pas s'occuper de celle d'autrui.

Jésus enfonce le clou dans la tête dans Mathieu 10 : 36 en disant :
« Et l'homme aura pour ennemi les gens de sa maison. »
J'ai fait ressortir tous ces points dans la bible au sujet de la méchanceté au sein de la famille afin que nous puissions mieux comprendre ce phénomène.

EN FINIR AVEC LES FORCES MALEFIQUES DE LA MAISON DE TON PERE

QUELQUES CAS DANS LA VIE COURANTE DE LA SORCELLERIE

DOMICILIAIRE

La méchanceté au sein de la famille demeure une question assez floue pour plusieurs. A l'école, nous avions un camarade très brillant. Les jours où on remettait les prix, il était assuré de s'en retourner avec tous les prix en jeu. La plus petite note qu'il avait jamais eu en Mathématiques était soit 96 ou 95%.

Si on lui donnait cinq exercices et on lui demandait de n'en traiter que trois, il traitait les trois et ensuite les deux autres pour s'amuser. Au Brevet d'Etudes du premier cycle, il réussit avec, une mention excellente. Ensuite, il réussit brillamment son Baccalauréat et il s'en alla à l'étranger pour poursuivre ses études supérieures.

A son départ, les membres de sa famille organisèrent une grande fête en son honneur. Au moment où ils le conduisaient à l'aéroport, sa sœur cadette s'approcha de lui et lui chuchota à l'oreille qu'il devait choisir soit d'aller Outre-mer soit de vivre. Le jeune est homme était surpris. De toute façon, l'alcool ayant été librement servi à la fête, il se dit qu'elle avait certainement dû prendre un coup de trop.

Notre ami s'en alla à l'étranger, réussit brillamment là-bas en obtenant un diplôme de première classe dans son domaine d'étude. Cependant, une semaine avant la cérémonie de remise des diplômes, il se rendit dans une piscine, se mit sur le plongeoir et de là, il fit un bond. Pour une raison étrange, il glissa sur ses appuis et il frappa sa tête sur le sol en béton de la piscine. Son cerveau sortit de son crâne fendu. Le contact de sa tête avec le béton fut si violent qu'on dû ramener un corps sans tête au Nigeria.

Lorsque le corps arriva à l'aéroport, ce fut cette sœur cadette qui se roulait par terre et pleurait à chaude larme ; les ennemis de ce jeune homme avaient atteint leur objectif.

Les frères de Joseph le jetèrent dans la citerne et ensuite, ils s'assirent pour manger. Chaque fois que j'y pense, j'ai envie de pleurer.

Il y a quelques semaines, je vis une personne dans notre programme « pluie de prière ». Elle rendait témoignage, je l'examinais attentivement et voici, c'était la sœur cadette de ce brillant garçon. Elle est maintenant née de nouveau. Elle est passée à la délivrance et elle a été libérée. Et le mystère de notre foi c'est que, bien qu'elle ait fait tout cela et que son frère soit maintenant mort, notre seigneur l'accepte.

Il y a quelques années dans un réveil, une petite fille saisit la veste de l'homme du réveil lui demandant de la délivrer parce qu'elle ne voulait pas être seule au monde. Il lui demanda quel était son problème. Elle lui dit qu'ils étaient quatre dans la famille. Le premier était un docteur en médecine ; le second un avocat et le troisième était bossu ; elle était le quatrième enfant. Elle lui dit que ses alliés lui avaient demandé de livrer le docteur en médecine, elle l'avait déjà fait et on l'avait déjà mangé. De même, on avait demandé l'avocat, elle l'a livré et on l'a aussi mangé. Tous les diplômes de l'avocat même n'ont pas pu le sauver. Lui et son frère moururent dans les circonstances mystérieuses.

La petite fille fut effrayée lorsqu'on lui demandait son frère bossu. « je ne veux pas être seule au monde, je vous prie délivrez-moi » s'écria-t-elle. L'homme de réveil était choqué. Il lui demanda si c'était ses frères qui avaient été mangés qui lui payaient sa scolarité. La fille acquitta et elle ajouta que depuis leur mort, il n'y avait plus personne pour le faire pour elle.

Beaucoup de choses que nous disons à MFM ne sont pas claires pour beaucoup de gens. Par exemple quand nous disons qu'une certaine force doit mourir, ceci échappe à tellement de personnes. En examinant les Ecritures, tu découvriras que ce n'était pas toujours que Dieu prononçait une sentence de mort sur quelqu'un. Mais quand on en venait à la sorcellerie, la bible dit que la peine capitale de Dieu était inévitable. C'est pour cela que nous disons toujours à certaines forces de périr.

Nous savons que les esprits ne meurent pas mais quand nous disons « péris » nous insinuons qu'ils doivent devenir inutiles inactifs et qu'ils disparaissent. Personne ne peut emmener un cadavre à l'autel par une cérémonie de mariage parce que ce corps ne fonctionne plus comme un être vivant. Ainsi, quand nous leur disons de mourir, cela signifie que nous les rendons impuissants. Jésus avait voulu le faire à certains esprits mais ils le supplièrent de ne pas le faire. Ils savaient qu'une fois que Jésus traitait avec eux, ils cesseraient de tourmenter les hommes. Ainsi lorsque nous disons que la puissance de la sorcellerie et ses esprits doivent périr, cela veut dire que chaque fois qu'ils s'assembleront contre toi, rien ne pourra marcher.

Pourquoi ? Parce que la puissance qui doit agir contre toi est anéantie.

LES AGENTS MOTEURS ET RAPPORTEURS

Dans pratiquement toutes les familles, il y a au moins un agent de destruction. David les appelle des fils étranges en demandant à Dieu de le délivrer de leurs mains. Pourquoi David fait-il ce genre de prière ? C'est parce qu'une femme de 60 ans qui a visité le pavillon de la maternité 5 ou 6 fois connaît un certain degré de compassion. Mais un enfant à qui il est demandé de tuer ou de tourmenter un membre de sa famille quelconque n'aura aucune compassion en obéissant à l'ordre qui lui a été donné par les esprits méchants.

Il y a dans chaque famille, un agent moniteur et rapporteur. Sauf dans le cas où cette famille n'a aucun potentiel. Ceci impliquerait que l'ennemi a achevé les membres de cette famille et que plus personne n'y progresse dans la vie.

Dans le monde spirituel, il existe un dossier pour toute personne. Les dossiers de certains ont circulé entre plusieurs agents des ténèbres. Voilà pourquoi, lorsque nous disons que les sorciers

de la famille doivent périr nous ne prions pas contre les êtres humains. Ce que les sorciers font quand ils sont sur le point de mourir, c'est qu'ils passent le dossier à d'autres. Lorsque nous disons que la puissance derrière ces sorciers doit périr, nous rendons ces forces incapables de transmettre les dossiers.
Le Psaume 41 : 10 dit : « celui-là même avec qui j'étais en paix, qui avait ma confiance et qui mangeait mon pain lève le talon contre moi.

Y-a-t-il plus ironique que cela ? il a un proverbe chinois qui dit : « Ô Dieu, occupe-toi de mes amis. Je me chargerai moi-même de mes ennemis ; » Ceci implique qu'au moins l'ennemi s'est déclaré comme un ennemi a été identifié comme tel. Mais un ami que tu ne connais pas peu être dangereux. Il te sera très difficile d'esquiver une pierre lancée de l'arrière.

Le plan satanique contre chacun de nous fut initié dans le ventre et plusieurs vont au ventre de la tombe sans avoir accompli leur destinée à cause de cela ; les destinées de la plupart des peuples noirs ont été ensevelies par des parentés sataniques. Dès cet instant, bien-aimé, tout destructeur de destinée doit être poursuivi et détruit. Plus quelqu'un a avalé l'hameçon du diable, plus il est difficile de le déloger.

Prenons le cas de quelqu'un qui vient d'un foyer polygame où il y a huit femmes, sa mère en étant la cinquième. Dans ce foyer, la nourriture est partagée librement entre tous et avec elle, la sorcellerie circule. Lorsque cette personne a participé à ce repas envoûté, le programme de l'ennemi a déjà été conclu dans sa vie.

LA MECHANCETE AU SEIN DE LA FAMILLE

Voici quelques définitions pour aider ceux qui ne comprennent pas encore le symptôme : « méchanceté au sein de la famille. »

1- Méchanceté inhérente

Avant tout, il y a ce que nous appelons la méchanceté inhérente. Elle existe dans la famille avant la naissance de la victime et en tant que tel, la victime n'a aucun contrôle sur la méchanceté, tout comme nous n'y pouvons rien quant au choix de nos parents. Ceci veut dire que longtemps avant ta naissance, ton père ou ta mère était déjà sorcier.

Un jour, un père appela tous ses enfants pour leur donner une directive spéciale, stipulant que nul d'entre eux ne devait aspirer à devenir plus grand que lui. Il les avertit que quiconque essayerait mourait. Ensuite, il décréta qu'aucun d'eux ne devait avoir une femme autre que celle qu'il lui donnerait. Pendant que tous se conformaient au décret, l'un d'eux qui devint un enfant de Dieu, bien qu'étant tiède en esprit, se leva et dit à son père en toute franchise qu'il n'épouserait que la femme que Dieu allait lui donner. Le vieil homme ne fit aucun commentaire.

Avant tout, il y a ce que nous appelons la méchanceté inhérente. Elle existe dans la famille. Tous les autres prirent les femmes que leur père leur prirent au village. Il y avait une femme au village qu'on gardait pour le frère né de nouveau mais il n'alla pas la chercher.

Au contraire, il prit pour femme une fille qu'il rencontra à Lagos. Curieusement il s'avéra être le seul homme prospère de la famille. Sa prospérité s'éleva à un tel point qu'elle surpassa de loin celle de son père.
Cependant, une nuit, la femme s'écria dans son sommeil : « laisse-moi papa ! laisse-moi, avant que son mari n'arrive là où elle était elle avait rendu l'âme. Et immédiatement après sa mort la fortune du frère commença à diminuer au

point qu'il devient un indigent. Le jour où il vint me voir, il pleurait comme un enfant. Même pendant que j'écris ceci, je peux encore me rappeler ses cris. Il se lamentait « une chère et tendre épouse » la femme avait été victime de la méchanceté inhérente.

2- Méchanceté acquise

Ensuite, il y a la méchanceté acquise qui survient quand les enfants acceptent les biscuits et les bombent que leurs camarades leur donnent à l'école. A leur retour à la maison, ces enfants ne sont plus les mêmes. Ceci marque toujours le début d'une bataille à la maison.

Il y a quelques temps, j'écoutais un couple qui me racontait que leur petit garçon d'environ 7 ans les réveilla à 2 heures du matin pour dire à la maman que son ventre et ses seins, il les avait mis dans l'eau. Se tournant vers son père, il lui dit que son argent en banque avait été accroché sur un arbre et c'était la cause de sa débâcle financière.

Ils demandèrent à l'enfant ce que cela signifiait et il leur répondit qu'il n'avait qu'à aller demander à leur pasteur s'ils n'y entendaient rien. Quand les parents sont choqués lui demandèrent pourquoi il leur avait fait tout cela, il leur répondit que ce n'était pas sa faute. Et il ajouta « c'est mes amis à l'école qui m'y ont contraint.

3- Méchanceté des tourments

Troisième, il y a la méchanceté des tourments. C'est le cas où l'ennemi n'a aucun projet de demeurer dans la famille. Son souhait est de torturer, de punir,. d'oppresser et de s'en aller. Cela fait ce pendant parti de la méchanceté au sein de la famille.

Il y avait un frère qui aimait se faire des amis. Il en résulte qu'il connaissait tellement, de gens dont il pouvait prendre des références pour gagner des marchés mais jamais il n'en gagna aucun. Ceci le frustra tellement qu'il alla consulter un grand herboriste. Après avoir consulté ses oracles, cet herboriste lui dit que même s'il devait aller prendre les références de 10 chefs d'Etat il pourrait rien avoir.

Ceci veut dire que s'il était le chef de sa famille et qu'il continuait à vivre dans la faim, tous les autres membres de la famille vivraient dans la faim et ceci de façon automatique.

4- La méchanceté d'attaque

Quatrièmement, il y a la méchanceté d'attaque. Bien qu'elle soit hors de la famille et n'y entre que pour punir la victime, elle fait aussi partie de la méchanceté au sein de la famille.

5- Initiation courante dans la famille

Cinquièmement, il y a l'initiation courante dans la famille. Elle peut être consciente inconsciente et l'initiation se fait sur une base régulière. Et si un membre de ta famille est recruté que tu saches ou non c'est toujours de la sorcellerie au sein de la famille.

6- Infiltrations passées et présentes

7- Méchanceté conjugale

Il y a la méchanceté conjugale.
Lorsque tu penses avoir épousé l'homme qu'il faut mais cet

homme a d'autres femmes à l'extérieur qu'il appelle épouses. Ces femmes étranges représentent la méchanceté au sein de la famille parce que l'homme va divulguer auprès d'elles toutes les informations au sujet de ta maison, tes enfants et ta vie d'épouse. Lorsque deux personnes se marient c'est deux familles qui fusionnent pour établir un terrain plus large sur lequel beaucoup de forces peuvent opérer.

8- Méchanceté par consultation

Il existe aussi la méchanceté par consultation. S'il y a un membre de ta famille qui visite les herboristes ou les marabouts ou les prêtres de fétiches, son activité représente la méchanceté au sein de la famille.

9- Domicile familial profané
Il existe des domiciles familiaux profanés. Beaucoup de ces endroits qu'on appelle domiciles familiaux sont des endroits où les destinées sont régulièrement détruites. Il y a également ce qu'on appelle la sorcellerie magnétique. Plusieurs personnes habitent ces maisons et sont incapables de prospérer jusqu'à ce qu'elles les quittent. Certains y restent et dans leur idiotie, ils combattent pour qu'ils appellent leur héritage. N'est-ce pas mieux que ces gens demandent plutôt à Dieu de leur donner leur propriété à eux ?

10- Homme fort délégué dans une famille

11- Assistance maléfique
Il y a ce qu'on appelle l'assistance maléfique. C'est lorsque tes

parents veulent t'aider à résoudre certains problèmes en allant consulter un marabout pour toi.

12- Sorcellerie de revanche
Il y a ce qu'on appelle la sorcellerie de revanche. Quelqu'un t'en veut mais il ne sait pas comment t'atteindre alors il procède par la sorcellerie pour venir à bout de toi.

13- Possession des propriétés
Il y a aussi ce qu'on appelle la possession des propriétés. Ici, on passe par la sorcellerie pour accaparer la propriété d'autrui.

EN FINIR AVEC LES FORCES MALEFIQUES DE LA MAISON DE TON PERE

14- Sorcellerie parasitaire

En dernier lieu, il y a ce qu'on peut appeler sorcellerie parasitaire. Ici, un domestique ou un étranger fait son entrée dans la famille et s'embarque dans une destruction systématique de la famille en question.

Un homme haut placé dans la société, un gouverneur plus précieusement entendit un jour un cri agonisant de sa fille. Il se précipita vers elle. Ce qu'il vit le choqua jusqu'à la moelle. Son domestique essayait de violer sa fille. Dans l'énervement, il prit son fusil et chassa le domestique.

Bien-aimé, comment penses-tu combattre la personne qui t'a porté neuf mois dans son ventre ? Comment peux-tu combattre la personne qui manœuvra ton placenta ? Comment peux-tu combattre la personne qui t'a donné ton premier bain ? Comment peux-tu combattre une personne qui connaît ta

faiblesse et tes forces ?
Comment peux-tu combattre une personne qui te nourrit de poison depuis 20 ans ?
Comment peux-tu combattre une personne qui est ta propre progéniture ? Comment peux-tu combattre la personne qui a payé la dot pour toi ? Ou alors cette personne là qui t'a aidé à tenir la réception de ton mariage ?

ŒUVRES DE LA SORCELLERIE AU SEIN DE LA FAMILLE

C'est la sorcellerie au sein de la famille qui a ce qu'on appelle l'ensevelissement intérieur. Ceci veut dire que beaucoup de conceptions et d'idées ne peuvent pas venir à l'existence. Elles sont ensevelies au niveau de l'inconscient. Toutes ces choses là qui auraient contribué à la prospérité d'une personne sont ensevelies par la puissance de la sorcellerie.

C'est à cause de la sorcellerie au sein de la famille qu'un homme de 40 ans, poussé par l'instinct animal a violé une fillette de deux ans.

C'est aussi elle qui est derrière ce qu'on appelle bouc-émissaire qui fait qu'un homme cherche toujours quelqu'un sur qui déverser sa colère chaque fois que quelque chose ne va pas avec lui.

La sorcellerie au sein de la maison envahit les rêves des gens pour leur présenter leurs flèches dans la mauvaise direction pendant que les vrais ennemis continuent à circuler librement.

C'est encore elle qui est à l'origine de la substitution des vertus.

Elle donne le cheval au serviteur pendant que le maître continue à aller à pieds toute sa vie.
Elle est responsable des forces de résistance qui chassent une personne de l'endroit où elle peut prospérer.

Elle est à l'origine du transfert de biens d'une personne à un autre.
Elle est à l'origine du désordre qui règne dans la vie de certaines

personnes, ainsi que des pressions qu'elles ressentent tout autour d'elles, qui font agir de façon inexplicable.

Elle est à l'origine des blocages, des syndromes de l'impasse ou de la paralysie ainsi que de la transmission des informations confuses aux gens.

C'est cette méchanceté domiciliaire qui élimine les gens dans leur jeunesse

LA SOLUTION DIVINE

La bible ne donne qu'une seule réponse contre les esprits et la puissance de la sorcellerie. Dieu les hait d'une haine parfaite et il ne voudrait rien avoir avec eux et la sentence qu'il a prononcée c'est la mort ! La peine capitale est sur tous les agents et les praticiens de la sorcellerie, qu'ils soient africains, blancs ou noirs. La bible les condamne d'une condamnation très sérieuse ainsi qu'il est écrit : « dis au méchant : tu mourras ! »

Il y avait dans une famille, cinq sœurs qui, après s'être mariées, étaient renvoyées dans la maison de leur père. Cependant, l'une d'elle résolut que ça ne passerait pas ainsi avec elle, que son mariage serait différent.

Quelqu'un lui donna une copie de notre livre « pray your way to break-through » (Prier jusqu'à remporter la victoire). Elle commença à assister à nos réunions et à prier. La première nuit où elle pria, la grand-mère qui habitait dans la maison lui demanda à quel genre de prière elle faisait recours. N'es-tu plus une Anglicane ? Pourquoi ne pas recommencer la simple prière que tu faisais auparavant ?

Le jour suivant, la sœur eut une autre session de 30 minutes de prière. La grand-mère la rappela pour la mettre en garde contre le risque de tuer quelqu'un par cette nouvelle prière.

Le jour d'après, elle intensifia la prière qui dure 3heures. Le lendemain matin, la grand-mère ne se réveilla pas. Lorsqu'on regarda sous son lit, il y avait un petit cadenas dans ses affaires, un cadenas très bizarre. On le fit sortir. Pendant que les autres sœurs ne pouvaient que regarder le cadenas, la sœur qui priait suggéra de le briser. Quand on le cassa, il y avait à l'intérieur, un petit bout de papier avec du coton imbibé de sang. Les noms des cinq sœurs y étaient écrits. Elles y versèrent de l'huile d'onction et l'incendièrent. Le jour suivant son marri vint la chercher.

Permets-moi de te poser quelques questions au point où nous sommes arrivés. Aimerais-tu accomplir ta destinée ? As-tu dans ton cœur, la conviction que tu n'es pas là où tu devrais être ?

Plusieurs d'entre nous cherchons l'ennemi dehors alors qu'il est à l'intérieur. Soit inhérent, acquis, infiltré attaquant etc. En fait le taux de confession de la sorcellerie par les petits garçons et les petites filles est alarmant aujourd'hui.

Après avoir prié les points de prière à la fin de ce chapitre, ne sois pas étonné que certains se mettent à confesser la sorcellerie dans ton village.

EN FINIR AVEC LES FORCES MALEFIQUES DE LA MAISON DE TON PERE

La seule chose qui pourrait faire obstacles c'est le manque de repentance. Tu ne peux pas combattre les ténèbres en toi. Demande pardon au seigneur et s'il y a un péché en toi, quel qu'il soit, confesse-le au seigneur.

De même, si tu lis ce livre mais tu n'as pas encore abandonné ta vie à Christ, tu ferais mieux de le faire c'est la prière suivante : « père, je viens à toi au nom de Jésus en ce jour. Viens dans ma vie seigneur Jésus. Je prie au nom de Jésus.

POINTS DE PRIERE

1- Toute mère de sorcellerie dans ma famille, qu'attends-tu ? Meurs au nom de Jésus.
2- Tout esprit mauvais de « je dois le faire » périssez au nom de Jésus
3- Toute force mangeant à ma table et buvant de mon eau mais planifiant de me détruire, perds ta puissance au nom de Jésus
4- Vous, méchanceté résidant dans ma famille, périssez au nom de Jésus
5- Tout cadenas sorcier dans ma famille, grillez-vous au nom de Jésus
6- Toute main méchante qui m'a porté comme bébé, brisez-vous au nom de Jésus
7- Toi, montagne des ténèbres qui m'empêche de progresser, péris au nom de Jésus
8- Toute implantation de sorcellerie de mon père, qu'attends-tu ? péris au nom de Jésus

9- Toute semence de sorcellerie du côté de ma mère, qu'attends-tu ? péris au nom de Jésus
10- Tout enfant étrange dans ma famille perds ta puissance au nom de Jésus
11- Par la puissance qui brisa le joug de pharaon à main forte, sorcellerie héritée, péris au nom de Jésus
12- Tout propriétaire de fardeau de sorcellerie dans ma famille, emporte ton fardeau au nom de Jésus
13- Tout herboriste consulté contre moi, je commande à ton pouvoir de te confondre au nom de Jésus
14- Tout embargo de sorcellerie sur mes finances, péris au nom de Jésus

EN FINIR AVEC LES FORCES MALEFIQUES DE LA MAISON DE TON PERE

CHAPITRE QUATRE

LA TRAGEDIE DE LA SORCELLERIE FONDAMENTALE

Fondation physique et fondation spirituelle

On peut aussi expliquer la fondation du point de vue physique et du point de vue spirituel.

Physiquement, la fondation soutient une structure tout entière, une maison ou une barrière. Les jolies maisons que nous voyons sont posées sur des fondements qui ont été creusés profondément dans la terre. Quand tu creuses le fossé d'une fondation, tu y verses du béton, du gravier, tu y mets le fer à béton ainsi que toute autre chose qui la rendrait assez solide pour porter la charge qu'on y placera.

Spirituellement, la fondation renvoie aux princes primaires de la vie établis par nos ancêtres. Elle renvoie à la première chose sur laquelle nos vies ont été enracinées.
Ces fondations soit physique soit spirituelle peuvent être défectueuses et si on les néglige, elles peuvent conduire au désastre. Malheureusement, la plupart des gens ont leur fondation spirituelle sur des méchantes pratiques et c'est pour cela que les troubles et les problèmes persistants minent leurs vies.

Des questions difficiles

Un bon nombre de mauvais fondements sont renforcés par le mariage. Un homme dont la fondation est remplie de pratique de sorcellerie épousa une femme ayant pour héritage familial les pratiques occultes. Que penses-tu devoir arriver ou advenir des enfants d'un tel mariage ?

Une vie bâtie sur une fondation défectueuse ne peut produire

que de mauvais fruits. Pourquoi le seigneur devrait-il t'exaucer quand ton nom « Esubiyi Oguntola eto » reflète et glorifie des idoles ? comment le seigneur peut-il t'exaucer quand la cause de la mauvaise fondation est toujours là ? pourquoi dois-tu faire du progrès quand quelqu'un dans ta famille a été responsable de la stagnation d'une autre personne ?
Ferme tes yeux et fais cette prière : « je défie la fondation de ma vie par le sang de Jésus et par le feu du Saint-Esprit »

QU'EST-CE QUE LA SORCELLERIE ?

La bible en donne une définition meilleure
Exode 22 : 18, « tu ne laisseras point vivre la magicienne. »
Il existe très peu d'offenses dans la bible qui entraînent la sentence de mort de la part de Dieu et ce verset-ci en est un exemple.

La question c'est ; pourquoi le seigneur désire-t-il que le sorcier meurt ?
Deutéronome 18 : 10 « qu'on ne trouve chez toi personne qui fasse passer son fils ou sa fille par le feu, personne qui exerce le métier de devin, d'astrologue, d'augure, de magicien, d'enchanteur » les versets 11 et 12 nous disent ce que le seigneur fait de telles personnes.

Le seigneur hait d'une haine parfaite toutes ces choses et elles sont des abominations pour lui. Voilà pourquoi il demande la mort pour tous les habitants et tout ce qui a souffle e vie dans un pays ou alors il ordonne la destruction totale d'une ville avec tous ses bâtiments.

Lévitique 20 : 27 « si un homme ou une femme évoque les esprits ou se livre à la divination, ils seront punis de mort ; on les lapidera. Leur sang retombera sur eux »

Esaïe 8 : 19 « si, l'on vous dit : consultez ceux qui évoquent les morts et ceux qui prédisent l'avenir qui poussent des sifflements et des soupirs

Répondez : un peuple ne consultera-t-il pas son Dieu, s'adressera-t-il aux morts en faveur des vivants ? »

Tous les versets précédents ont un thème central commun. Le seigneur abhorre la magie et ceux qui la pratiquent ; voilà pourquoi le jugement de Dieu sur eux est la mort.

Il ne te suffit pas simplement de lire ce livre et de le déposer. Il faut que tu le lises, que tu deviennes violent dans ton esprit et que tu pries avec violence pour corriger ta fondation.

Les activités de la sorcellerie

Bien-aimé, c'est une chose terrible que d'avoir des sorciers dans la famille. C'est une abomination sur laquelle le seigneur a prononcé une sentence de mort.

Si le jugement de Dieu sur la sorcellerie et les sorciers c'est la mort, pourquoi les gens continuent-ils à la pratiquer ?

Quels bénéfices en tirent-ils ? y-a-t-il un sens au fait que les sorciers mangent leurs propres fils et ceux des autres ? Pourquoi mettre les vies des gens sous l'emprise du mal ? Pourquoi détruire le bonheur qui leur est réservé pour l'avenir ? Tout cela n'est que la folie, un tas d'idioties !

EN FINIR AVEC LES FORCES MALEFIQUES DE LA MAISON DE TON PERE

Tout cela n'est que la folie, un tas d'idioties !

Voyons un peu, combien d'enfants de sorciers font du progrès dans la vie ?
Combien mène une belle vie ? Combien vont à l'étranger ? Combien vont loin dans les études ? Le dieu de ce monde a aveuglé leurs yeux par l'idiotie.

C'est leur idiotie qui fait que le seigneur les abhorre au point de désirer leur mort. Le seigneur les connaît ainsi que leurs activités et les sources de leur pouvoir dans le soleil, la lune et les étoiles. Les sorciers n'ont pas de sentiments humains. Voilà pourquoi quiconque de leur enfant essaye de ne pas se soumettre à leur jeu est traité de plus durement possible. A cause de leurs méthodes subtiles et rusées, ils ont pu infiltrer l'église pour y introduire des choses horribles

En plus, si une église est vraiment celle du seigneur ils vont la combattre.

La sorcellerie a une sœur jumelle nommée la prostitution. Voilà pourquoi on trouve des dames légèrement habillées dans des endroits solitaires et sombres, surtout la nuit, cherchant un homme et malheur à quiconque tombe dans leur piège, il est ruiné.

Ces sorciers renversent les autels de Dieu comme Jézabel le fit. Ils causent la désobéissance, volent la parole de Dieu qui tombe dans les oreilles des gens, utilisent un pouvoir invisible pour causer le trouble, prononcent des malédictions soit par amusement ou sérieusement et ces malédictions prennent effet. Ils font beaucoup de ravages, ils ont fait et continuent à faire

beaucoup de dégâts inédits dans les vies. Ils sont toujours avides de sang et à la recherche du sang gratuit ; quelquefois, ils semblent dire la vérité mais ces « vérités » causent beaucoup de problèmes et de dégâts à des peuples, des pays et au monde entier.

Je me rappelle l'histoire d'un homme qui avait trois femmes. L'homme mourut mystérieusement et sa famille cria au gibier. Ils insistèrent et allèrent visiter un prêtre occultiste (ayelala) pour trouver le coupable. Les deux premières épouses étaient des sorcières très puissantes, jetèrent la confusion sur le démon et tournèrent la langue du devin alors faussement que la troisième épouse était la meurtrière de son mari. Ces forces sont si méchantes que tu n'as pas besoin de les offenser pour qu'elles s'empennent à toi. Tu peux te dire puisque tu ne traverses pas le chemin des gens, ils te laisseront tranquille. Tu as tort. Ils s'empennent à toi juste parce que tu es vivant. Si tu choisis de poursuivre ta destinée, il y avait des problèmes mais si tu es sur place, tu es fini.

Puisqu'ils travaillent beaucoup plus dans la nuit, ils pensent que leurs œuvres ne sont pas connues. Ils pensent qu'on ne voit pas leurs œuvres. Ils sont orgueilleux, disent des mensonges, déversent des malédictions, multiplient le vol à main armée, et font accroître le vice dans la société. Ils vont jusqu'à transformer des êtres humains en des chevaux qu'ils montent pour se rendre à leur loge. Ils vendent des nations et des familles. Jour et nuit à l'œuvre, ils voient tout ce qui se passe, planifient le mal et dévorent la chair humaine. La nuit, ils viennent en esprit comme des maris ou les femmes, laissant

des marques terribles sur des gens et utilise des toiles d'araignées contre ceux qui ne se doutent de rien. Ils détruisent les destinées d'enfants prometteurs.

Pas étonnant que le seigneur dise : « Vous ne laisserez pas vivre la magicienne ». Ils croient tellement en leur pouvoir de séduction qu'ils vont après des hommes et des femmes de Dieu pour le faire tomber. Ils travaillent main dans la main avec d'autres méchants esprits pour créer des êtres contrefaits.

L'une de nos églises à Port Harcourt au Nigeria eut un incendie étrange. La femme vint pour la prière. Pendant que l'intensité de la prière augmentait, il se passa quelque chose d'assez étrange. Un organe mâle sortit de son corps là devant son mari. A la fin, son mari lui dit de ne pas le suivre à la maison. Après examen de la situation, il ressortit qu'ils étaient mariés depuis 16 ans et que maintenant, il voulait s'en fuir. Certainement, ce qui était dans la femme lui avait été transmis et ce dont il avait besoin c'était la prière.

Bien-aimé, toutes ces terribles œuvres sont la main d'œuvre

EN FINIR AVEC LES FORCES MALÉFIQUES DE LA MAISON DE TON PÈRE

des sorciers et l'extension des puissances de la magie. Ils ont détruit et continuent encore à détruire plusieurs vies.

Tout ce que tu as lu jusqu'à ce niveau n'est que le résultat d'une recherche que j'ai fait les 20 dernières années. Voici quelques exemples pour te guider.

Exemple dans la vie courante

N°1 Il y a quelques années, j'allais en voyage à Bénin city au Nigeria. Pendant qu'on s'approchait de la ville, l'homme à côté de moi insista subitement que le bus fasse un arrêt pour qu'il aille se mettre à l'aise. Malgré les instances des passagers lui disant qu'il le fera à Bénin city, il refusa et le conducteur du s'arrêter. L'homme bondit du bus et entra en brousse avec un sac de nylon. A son retour, il était en haillons. Lorsque je le questionnai, il dit que s'il portait sur lui ces beaux vêtements jusqu'à la maison, ce serait sûrement sa fin. Lorsque je lui demandai pourquoi, il me dit que sa mère, tout comme sa grande-mère avaient confessé la sorcellerie et en étaient mortes. Il ajouta que si certaines personnes allaient à la maison à cette heure là, elles ne restent probablement pas en vie.

L'ironie du sort est que certains d'entre nous venons de telle famille ou de telle ville et nous sommes retournés pour montrer nos richesses et maintenant il y a de problèmes

Fermes tes yeux et fais cette prière.

« Toute force maléfique de ma lignée familiale, libère ma destinée au nom de Jésus. »

EN FINIR AVEC LES FORCES MALEFIQUES DE LA MAISON DE TON PERE

N°2 Un frère qui venait juste de croire fit un voyage pour aller chez lui. Là-bas on lui servit de l'igname pilée avec du poulet et de la soupe « egusi ». Autrefois, il se serait assis et aurait mangé mais cette fois il décida de manger après avoir prié. Pendant qu'il priait, ayant posé sa main sur la nourriture, il entendit soudainement un chant de coq. Lorsqu'il ouvrit les yeux, voici, il y avait un coq vivant, dans le plat, couvert de soupe. Le frère se leva, oubliant son sac de voyage et entra dans un bus qui allait à Lagos.

Il pleura amèrement en comprenant maintenant pourquoi les choses ne marchaient pas dans sa vie. Chaque repas qu'on lui avait donné dans le passé avait servi à détruire quelque chose dans sa vie.

Pourquoi ne pas fermer tes yeux et faire cette prière : « toute nourriture de sorcellerie qu'on m'a donnée, feu de Dieu, brûle-la au nom de Jésus »

Bien-aimé, beaucoup de gens ont des problèmes à cause de ce qu'ils ont mangé dans le camp de l'ennemi. Certaines de ces choses ont été mangées, il y a longtemps et maintenant, elles se sont développées en cancer, en ulcère ou en une quelconque maladie étrange. Ce ne sont pas des maladies mais plutôt des animaux vivants qui se baladent dans leur corps. Ceci est un acte terrible de la sorcellerie.

EN FINIR AVEC LES FORCES MALEFIQUES DE LA MAISON DE TON PERE

N°3
Il y a quelque temps, un homme appela ses enfants et leur dit que quiconque d'entre eux essayerait d'être plus riche que lui mourait. Ce n'est pas la plaisanterie et il leur dit la raison pour laquelle ils mourraient jeunes, c'est qu'il avait pris toutes leurs chances pour se rendre prospère et ceci avant leur naissance. Conséquence, les enfants étaient très pauvres pendant que leur père était très riche. Même celui d'entre eux qui était professeur allait toujours mendier de l'argent à son père. Aucun d'eux ne pouvait dire ceux à quoi leur argent était investi

N°4
Voici l'histoire du frère Kukunté. Sa mère fut lapidée à mort après avoir confessé la sorcellerie. Le frère Kukunté était allé en Angleterre pour des études et à notre rencontre, il avait déjà fait là-bas 16 ans sans réussir à n'obtenir que l'équivalent du Brevet d'Etudes du premier cycle. Il n'avait fait aucun progrès du tout et ne pouvait donc obtenir un emploi

Le principe de la mort était à l'œuvre dans sa vie parce que la sentence de mort prononcée par Dieu s'écoulait jusqu'à lui. La sentence de mort va freiner le mariage pour certains, la prospérité pour d'autres et pour d'autres encore leurs études.

N°5
Un autre frère, Akanka eut un problème similaire. Son père confessa des actes de sorcellerie et mourut après cela. Sa mère le fit aussi mais, elle ne mourut pas. Le frère Akanka était

très beau, grand de taille, musclé et bien-bâti, mais ses jambes ne lui servaient à rien, non pas à cause d'un accident. Ceci me rappelle un garçon qui confessa des actes de sorcellerie à la cité de prière ». Il dit qu'il avait fait don de ses jambes aux forces obscures. Le frère Akanka serait encore vivant s'il n'avait fait une erreur tragique. Un jour, il fit un voyage chez lui et dit à sa mère : « maman, je voudrais te parler. » Et alors qu'elle s'approchait, il la mordait à l'oreille et se mit à l'étrangler. Les villageois volèrent au secours de sa maman qui jura d'user de représailles disant que ce ne sont pas les vivants qui peuvent mordre l'oreille et étrangler les gens. Pour ne pas tirer le long en large, le frère ne vécut plus qu'une semaine après cet événement.

S'il y a de la sorcellerie dans ta famille, je veux que tu saches qu'elle t'affectera, profanera ta destinée et te détruira. Ce n'est pas une affaire de « je suis ceci ou bien cela »

N° 6
La sœur Tolontolo fut initiée à la sorcellerie à sa naissance à travers l'usage d'une ceinture. C'était le genre qu'on utilisait pour emmailloter les bébés après leur premier bain.

Elle s'enfuit en Angleterre pensant qu'elle se mettait à l'abri. Mais un matin quand elle se réveilla, il n'y avait pas même un seul cheveu sur sa tête. En un temps record, un de ses seins fut infecté de cancer et il fallait l'enlever. Tout ceci avant qu'elle ne se marie. La dernière fois que je l'ai vu, ce sein était enflé comme un gros ballon et elle craignait de se faire opérer une fois de plus parce qu'elle ne voulait pas mourir.

N°7
Le cas de la sœur Parontina est également pathétique. Elle avait sept frères et une sœur, tous nés de nouveau et tous misérablement pauvres. Le seul qui était riche n'était pas né de nouveau, il était herboriste. Leurs parents avaient attaché leurs destinées et n'avaient relâché que celle de celui-là qui avait accepté de se joindre à eux.

Si tu es en train de lire ce livre, il te faut prier. Si tu vois des gens qui s'élèvent pour faire crash subitement, il faut vérifier leur racine.

N° 8
Un pasteur, Tinco, fut placé à la tête d'une congrégation et l'église décrût de 200 à 14 membres. 10 des 14 étant des enfants qui ne pouvaient payer la dîme, elle dût fermer. Ce même pasteur qui fut placé responsable d'une autre église où il engrossa la femme de son chauffeur et fut renvoyé dans la disgrâce. A la troisième église, une femme se noya pendant qu'il dirigeait le baptême par immersion pour elle. Dans la famille de Pasteur Tinco, on adorait une déesse des rivières et elle le maltraita sévèrement

N° 9
Le cas du frère Rondorondo était tel que nul n'osait entrer dans la maison familiale en plein jour. Si tu osais, tu n'aurais

pas vu le jour suivant. C'était si terrible que personne ne permettait à sa fille d'épouser un membre de sa famille. Il y avait cinq enfants dans cette famille et le frère Rondorondo était l'aîné et de loin le plus instruit. Il s'arrêta l'école au cours moyen première année.

Ferme tes yeux et fais cette prière : « tout arbre établissant une alliance entre mon placenta et la sorcellerie, péris au nom de Jésus. »

N° 10

Un autre frère, Kakraka, fut rappelé au village parce que sa mère avait confessé des actes de sorcellerie. A son arrivé, il fut choqué d'entendre sa mère lui demander de lui pardonner d'avoir tué ses deux premières épouses ainsi que ses enfants mâles. En tout, elle reconnut avoir livré 35 autres aux bandits. Le frère Kakraka avait un frère et une sœur, tous de même mère. Il est l'aîné et voilà son histoire. Le second enfant souffre de la tuberculose, il est également atteint de sida tandis que la

seule fille est morte en janvier, cette année, des suites d'un accouchement difficile.

N° 11

Une autre sœur, Oriédé, était toujours en guerre contre une femme dans ses rêves. Elles luttaient jusqu'au point du jour et le seul moment de répit c'est quand elle était éveillée. Lorsqu'on se rencontra, elle avait déjà été ramenée trois fois de l'Angleterre. Elle parlait un anglais britannique parfait mais elle ne pouvait ni lire, ni écrire une langue quelconque, pas même le Yoruba.

La vérité est ceci : lorsque Dieu prononce une peine de mort sur la sorcellerie, cette peine de mort s'étend sur tous les enfants nés dans cette lignée là. C'est ce qui explique les maladies frustrations académiques, le manque de faveur, l'échec au bord du succès et les aimants de la sorcellerie. Cela cause des épreuves très dures ainsi que le pentecôtisme sauvage.

Une fois, je courus à un pasteur qui était si furieux du fait qu'on lui avait vendu un matériel contrefait.
Maudissant l'homme, il parlait en langues, prophétisant au nom du seigneur.

Dans notre ministère à Atlanta aux USA, deux sœurs vinrent à moi après un service disant qu'elles n'avaient pas besoin de mon aide. Leur problème, quel était-il ? Elles n'avaient pas de mari. Elles avaient probablement été mariées au même mari spirituel.

Certains maris spirituels sont si étranges et audacieux qu'après avoir commis l'immoralité avec leur partenaire, ils mettent de l'argent sous l'oreiller. Et si un homme s'aventure à faire des propositions à cette femme, il recevra la fessée de sa vie. L'inverse c'est quand un homme a des femmes spirituelles

EN FINIR AVEC LES FORCES MALEFIQUES DE LA MAISON DE TON PERE

Solution

Ce serait malheureux pour toi de lire simplement ce livre, jouir des histoires qui y sont et en rire.

Quelle est ta fondation ? Que signifie ton nom ? Pourquoi ne pas sortir de cette impasse en donnant ta vie à Christ pour ensuite faire des prières violentes ?

Après la repentance, renonce à la sorcellerie fondamentale, mène une guerre contre elle afin que le sang ne crie plus contre toi, ensuite prie pour la réparation spirituelle de ses choses déjà gâchées et en fin fais une prière de barricade pour qu'ils ne reviennent plus. En priant, il vaut mieux crier et avoir une fondation sûre et un meilleur avenir que de jouer au gentleman.

POINTS DE PRIERE

1- Toutes mes bénédictions dans la cellule de la sorcellerie, soyez libérées par le feu au nom de Jésus

2- Calendrier de sorcellerie contre moi péris au nom de Jésus

3- Toute alliance de sorcellerie contre(ma carrière, promotion, mon mariage, mes études etc.) péris au nom de Jésus.

4- Tout autel d'échec, sponsorisé par la sorcellerie, je te renverse au nom de Jésus

5- Puissance de Dieu, pousse mon pharaon obstiné dans la mer rouge au nom de Jésus

6- Toute flèche fondamentale de sorcellerie prends feu au nom de Jésus

7- Voix de ma gloire, soit plus haute et plus claire que la voix de la sorcellerie au nom de Jésus.
8- Toute chance de ma vie ensevelie par la sorcellerie fondamentale, revis au nom de Jésus.
9- Sorcellerie fondamentale de la maison de mon père, péris au nom de Jésus
10- Sorcellerie fondamentale de la maison de ma mère, péris au nom de Jésus
11- Toute voix de sorcellerie venant de la tombe, silence ! au nom de Jésus
12- Flèches de sorcellerie venant du soleil ou de la lune, consumez- vous au nom de Jésus
13- Sorcellerie fondamentale, péris au nom de Jésus !

EN FINIR AVEC LES FORCES MALEFIQUES DE LA MAISON DE TON PERE

EN FINIR AVEC LES FORCES MALEFIQUES DE LA MAISON DE TON PERE

CHAPITRE CINQ

LE MYSTERES DU TROU DANS LE MUR

EN FINIR AVEC LES FORCES MALEFIQUES DE LA MAISON DE TON PERE

Il y a beaucoup de mystères dans ce monde si tu ne les comprends pas, tu pourrais ne pas comprendre certains évènements.

Nous vivons dans un âge de guerre. Le diable a lâché une terreur violente sur le monde. Voilà pourquoi il y a certaines choses qui se passent aujourd'hui qui ne se passaient pas il y a 50 ans. La seule façon de survivre dans ce monde c'est d'être enseigné de Dieu et de recevoir de lui les clés pour remporter la victoire dans la bataille de la fin des temps. Ce sujet pourrait ne pas être très familier. Quand nous parlons du « trou dans le mur », nous faisons allusion à un sujet très mystérieux. De même que le diable a des stratégies pour détruire, Dieu a des voies pour sauver et délivrer ses enfants.

Tu pourrais demander : le trou dans le mur, qu'est ce que c'est ? tu vas bientôt découvrir le sens et la teneur de ce sujet très important. Inconnu à plusieurs personnes, il peut y avoir un trou dans le mur. Ceci n'est nullement physique, c'est spirituel.

A ce point, tu as besoin de demander à Dieu d'ouvrir tes yeux spirituels pour que tu puisses percevoir le trou dans le mur. Je veux que tu fasses cette prière maintenant même.
« Ô cieux, aujourd'hui, arrêtez toute force chargée d'arrêter au nom de Jésus » pour mieux comprendre cela, nous allons lire un passage relativement long.

EN FINIR AVEC LES FORCES MALEFIQUES DE LA MAISON DE TON PERE

EZEKIEL 8 : 7-18

« Alors, il me conduisit à l'entrée du parvis. Je regardai, et voici, il y avait un trou dans le mur et il me dit : fils de l'homme, perce la muraille ! je perçai la muraille, et voici, il y avait une porte. Et il me dit : entre et vois les méchantes abominations qu'ils commettent ici ! j'entrai et je regardai ; et voici, il y avait toutes sortes de figures de reptiles et des bêtes abominables et toutes les idoles de la maison d'Israël peinte sur la muraille tout autour. Soixante-dix hommes des anciens de la maison d'Israël au milieu desquels était Jaazania fils de schaphan, se tenaient devant ces idoles, chacun l'encensoir à la main, et il s'élevait une épaisse nuée d'encens et il me dit : fils de l'homme, vois-tu ce que font dans les ténèbres les anciens de la maison d'Israël chacun dans sa chambre pleine de figures ? Car l'Eternel a abandonné le pays. Et il me dit : tu verras encore d'autres grandes abominations qu'ils commettent. Et il me conduisit à l'entrée de la porte de l'Eternel du côté du septentrion. Et voici, il y avait là des femmes assises qui pleuraient Thammuz. Et il me dit : voici fils de l'homme, tu verras encore d'autres abominations plus grandes que celles-là. Et il me conduisit dans le parvis intérieur de la maison de l'Eternel. Et, voici, à l'entrée du temple de l'Eternel, entre le portique de l'autel, il y avait environ vingt-cinq hommes qui tournaient le dos au temple de l'Eternel. Et le visage vers l'orient devant le soleil. Il me dit : vois-tu Fils de l'homme ? Est-ce trop peu pour la maison de Juda de commettre toutes les abominations qu'ils commettent ici ? Faut-il encore qu'ils remplissent le pays de violence et qu'ils ne cessent de m'irriter ?

EN FINIR AVEC LES FORCES MALEFIQUES DE LA MAISON DE TON PERE

Voici, ils approchent le rameau de leur nez. Moi aussi, j'agirai avec fureur ; mon œil sera sans pitié, et je n'aurai point de miséricorde ; quand ils crieront à voix haute à mes oreilles, je ne les écouterai pas. »

TROU DANS LE MUR

Ce passage est exceptionnel. Si tu es un bon lecteur de la bible, tu as certainement remarqué que le livre d'EZECHIEL est unique en son genre. En lisant les sept premiers chapitres, tu découvres que le prophète EZECHIEL passa son temps à annoncer la parole de Dieu au peuple qui refusa d'écouter. Il leur donna des prophéties mais ses paroles ne leur firent aucun bien. Face à cette étoile de fond, le seigneur commença à révéler à EZECHIEL ce qui était arrivé aux enfants d'Israël.

Curieusement, c'est exactement ce qui se passe dans l'église de Dieu aujourd'hui. Les situations dans plusieurs églises pentecôtistes ont des similitudes avec ce qui se passait aux jours d'EZECHIEL. L'Esprit de Dieu avait déjà conduit EZECHIEL pendant un temps assez long et ceci le mena à voir qui vit dans la chair ne peut pas voir dans le domaine spirituel. La barrière de la chair va s'interposer entre le trou dans le mur et le croyant charnel. Dieu conduisait EZECHIEL à la porte du parvis. Poussé par l'esprit de Dieu, il perça la muraille et s'aperçut qu'il y avait une porte. Cette porte lui permit de voir les méchantes abominations des enfants d'Israël. Ce qu'il vit était effroyable.

Sais-tu que de telles choses se passent de nos jours ? Le fait que beaucoup ne le voie pas n'enlève nullement le fait que ça

EN FINIR AVEC LES FORCES MALEFIQUES DE LA MAISON DE TON PERE

se passe. De très profonds mystères spirituels ont lieu dans le monde spirituel. Cela permet à celui dont les yeux spirituels ont été illuminés par le seigneur pour découvrir et détecter ces évènements étranges. Ce que nous voyons à la surface peut-être beauté et excellence mais derrière cette façade, il y a des choses qui laissent beaucoup à désirer. Bientôt, nous allons

découvrir les réalités de ces apparitions dans le monde aujourd'hui.

A ce niveau, je veux que tu fasses cette prière : « tout ce qui peut attirer ta colère sur moi dans ma vie, seigneur, délivre-m'en au nom de Jésus »

Si tu jettes un regard sur le neuvième chapitre d'EZECHIEL, tu verras que le seigneur entra en action parce que les enfants d'Israël refusèrent d'écouter la parole de Dieu.

EZECHIEL 9 :1- 7
« Puis il cria d'une voix forte à mes oreilles : approchez, vous qui devez châtier la ville, chacun son instrument de destruction à la main. Et voici, six hommes arrivèrent par le chemin de la Porte supérieure du côté du septentrion, chacun son instrument de destruction à la main. Il y avait au milieu d'eux un homme vêtu de lin et portant une écritoire à la ceinture. Ils vinrent se placer près de l'autel d'airain. La gloire du Dieu d'Israël s'éleva du chérubin sur lequel elle était, et il se dirigeait vers le seuil de la maison, il appela l'homme vêtu de lin et portant une écritoire à la ceinture. L'Eternel lui dit : passe au milieu de la ville, au

EN FINIR AVEC LES FORCES MALÉFIQUES DE LA MAISON DE TON PÈRE

milieu de Jérusalem, et fais une marque sur le front des hommes qui soupirent et qui gémissent à cause de toutes les abominations qui si commettent. Et à mes oreilles, il dit aux autres : passez après lui dans la ville et frappez : Que votre œil soit sans pitié et n'ayez point de miséricorde ! Tuez, détruisez les vieillards, les jeunes hommes, les vierges, les enfants et les femmes ; mais n'approchez pas de quiconque aura sur lui la marque, et commencez par mon sanctuaire !!! Ils commencèrent par les anciens qui étaient devant la maison. Il leur dit : souillez la maison et remplissez de morts de parvis !...sortez ! Ils sortirent et ils frappèrent dans la ville » Sais-tu ce qui arriva dans ce chapitre ?

Dieu fit appel aux anges territoriaux et les chargea d'exercer le jugement sur les impies. L'un de ces anges vint avec une écritoire, il reçut l'ordre de faire une marque sur le front de ceux qui étaient exaspérés par ce qui se passait. En d'autres termes, il fallait identifier et mettre une marque sur le front de ceux qui voulaient vivre une vie sanctifiée et de ceux qui ne voulaient pas offenser Dieu. Dieu décida de commencer une chose redoutable et effroyable. Sais-tu ce qui se passa dans la suite.

EZECHIEL 9 : 8- 11

« Comme ils frappaient et que je restais encore, je tombai sur ma face et je m'écriai : ah ! Seigneur Éternel, détruiras-tu tout ce qui reste d'Israël en répandant ta fureur sur Jérusalem ? Il me répondit : l'iniquité de la maison d'Israël et de Juda est grande, excessive ; le pays est rempli de meurtres, la ville est pleine d'injustice car ils disent : l'Eternel a abandonné le pays, l'Eternel ne voit rien. Moi aussi, je serai sans pitié et je n'aurais point de miséricorde. Je ferai retomber leurs œuvres sur leur tête. Et voici, l'homme vêtu de lin et portant l'écritoire à la ceinture rendit cette réponse : j'ai fais ce que tu m'as ordonné. »

EZECHIEL était sans doute attristé par la situation. Il essaya de crier à Dieu mais pour Dieu il n'était pas question de revenir

en arrière. Avant la fin des supplications d'EZECHIEL, l'exécutant avait achevé sa tâche.

Tout ceci commença par un trou dans le mur. Les anciens faisaient une chose très abominable. Pour rendre les choses pires. Ils s'engagèrent donc ce qu'on peut considérer et d'écrire comme la sorcellerie internationale, nationale, communale, familiale et personnelle.
Seul un trou dans le mur pouvait exposer leurs méchantes activités. Tu pourrais demander : comment les a-t-on détecté ? C'était seulement grâce à la puissance de révélation du Saint-Esprit. C'est cela qu'il nous faut aujourd'hui. Il nous faut prier avec ferveur pour recevoir un don de révélation de ce genre. Il te faut crier au seigneur en disant : « je veux pouvoir percevoir un trou dans le mur. » Il te faut faire cette prière avec violence. Demande à Dieu de te montrer tout ce qui est fomenté contre ta vie. Peut-être que si tu fais cette prière de façon efficace, tu sauras où tu es entrain d'aller dans ta vie,

je veux que tu apprennes quelques leçons importantes à partir de la vie d'un frère qui a expérimenté la touche au seigneur « Ô Dieu, donne-moi la révélation, je veux savoir ce qui m'arrive. »

Il ne cessa pas de bombarder le ciel jusqu'au jour glorieux où Dieu lui donna une réponse. Un ange lui apparut avec le message suivant : « Dieu m'a envoyé pour te conduire quelque part. Pendant que je le fais, promets-moi de faire silence. »

Il promit de faire silence et l'ange le conduisit quelque part près d'un rocher. L'ange frappa le rocher et une grande porte s'ouvrit. Le frère et l'ange y entrèrent et la porte se referma. A la grande surprise du frère, l'ange l'emmenait dans une réunion des sorciers. De plus, la réunion n'avait pas encore débuté. Ils se tinrent à distance en attendant le début de la réunion et l'arrivé des membres.

Je veux que tu te rappelles que lorsque EZECHIEL observait ce que les anciens faisaient, il était invisible. Si tu dois faire du progrès alors il te faut prier que Dieu te fasse voir le trou dans le mur. Lorsque tu sais ce que l'ennemi entreprend et fait dans ta vie, tu sais tout à fait comment le vaincre en détruisant ses œuvres.

Si tu sais quand les démons se rencontrent, tu sauras aussi comment les disperser. C'est si tragique de savoir que beaucoup d'entre nous ne prions que lorsque les sorciers aient fini leurs réunions. Nous perdons de la vue le fait que leur permettre de conclure leurs réunions ne soit pas du tout sage. Si tu passes toute la nuit à dormir et le matin à ton réveil, tu décides de lier les activités démoniaques, tu es juste entrain de te livrer à un exercice futile. Il faut que nous demandions à Dieu de nous faire voir le trou dans le mur.

Revenons à l'histoire de notre frère. Lorsque les membres du groupe commencèrent à arriver, le frère remarqua que la première personne était son ancienne petite amie. Il essaya de crier mais l'ange lui demanda de se taire. Davantage de membres arrivaient. A sa grande surprise, il découvrit que toutes les dames à qui il avait fait des propositions de mariage étaient là. Davantage de membres arrivaient à la réunion. Enfin, on attendait l'arrivée du leader de tous. Dès que le leader entra, tout le monde se leva en signe de respect. A sa grande surprise, il

découvrit que le leader, c'était sa maman. Il n'arrivait à croire ce qu'il voyait. La réunion se tint et il était question de méthodes à adopter pour faire tomber les chrétiens. Beaucoup de stratégies y apparurent. A la fin, une décision étrange fut prise : « Nous allons détruire et démanteler la vie de prière de ces gens qui s'appellent eux-mêmes les chrétiens.

Pourquoi ne fais-tu pas cette prière ?
« Toute action de sorcellerie entreprise contre ma destinée soit exposée et détruite au nom de Jésus ».
Une fois, une dame vint se plaindre à moi de sa situation difficile. Je la rassurai que Dieu allait apporter un changement à ses

souffrances. Elle crut le seigneur. Je lui donnai quelques points de prière, l'encourageant à y prier ardemment. Elle pria de toutes ses forces ; tout à coup elle cria : « Docteur, venez de suite, il y a des mains invisibles qui me fouettent ». Elle se roulait sur le plancher. Curieusement, en examinant son dos, nous vîmes des traces de fouet. Tous étaient stupéfaits. Personne ne pouvait voir ceux qui fouettaient mais les marques du fouet étaient là tout de même. C'est cela le combat spirituel. Comment expliquer le fait qu'il ait des traces sur son dos alors qu'il n'y avait là personne tenant un fouet atroce pour la flageller ?

Elle fit une prière qui ouvrit certaines portes. L'ennemi se fâcha parce que la sœur essaya d'éclaircir le système derrière ses problèmes.

Je veux que tu saches qu'il y a beaucoup de choses mystérieuses qui se passent autour de toi. Sans trou dans le mur, tu ne pourras pas le connaître. Beaucoup de choses ne marchent pas, tu dois pouvoir savoir ce qui se passe réellement. Des esprits méchants tiennent des réunions chaque jour. Le diable a juré qu'il entraînera avec lui en enfer au temps de personne que possible. Il a juré de ne pas laisser la multitude remplir leur destinée. Tu as besoin d'un trou dans le mur. C'est le moyen le plus efficace pour combattre le combat spirituel. Il te faut identifier les forces qui te résistent.

EN FINIR AVEC LES FORCES MALÉFIQUES DE LA MAISON DE TON PÈRE

Il y a quelque temps, un frère a eu une expérience inhabituelle. Un rêve qui le troubla profondément. Des gens faisaient frire ce qui ressemblait à la charcuterie. A sa grande surprise, l'ange du seigneur lui dit de regarder dans la marmite et voici, c'était son placenta qu'ils grillaient. Le frère n'avait jamais compris pourquoi il souffrait tant dans sa vie jusqu'au jour où il eu cette révélation. Cela le fit prier comme un lion blessé. Il invoqua le feu de Dieu sur eux, sachant que ses souffrances provenaient de ce que les méchants esprits faisaient contre lui en secret. C'est ainsi qu'il délogea les agents des ténèbres qui troublaient sa vie.

SEPT ABOMINATIONS
Sais-tu qu'il y avait sept choses spécifiques que les agents sataniques faisaient dans le livre d'EZECHIEL ?
Ceci apparaît clairement dans EZECHIEL 8 : 10
Voici ces sept choses :

TOUTE FORME DE REPTILE
Ce sont des animaux sataniques envoyés par l'ennemi dans les vies des hommes et des femmes pour les harceler dans leurs

rêves et les troubler. Ces méchants animaux sont envoyés par les forces des ténèbres. Les reptiles sont des armes démoniaques. Une personne pria dernièrement et un lézard sortit d'elle. Une autre pria et des mille-pattes sortit de son nez. Beaucoup de reptiles sont envoyés dans les vies des gens.

LES BETES
Le second groupe est constitué de bêtes abominables. Elles viennent sous forme de serpents de lézards, léopards, hygiènes, hiboux, vautours etc. les bêtes représentent des esprits spécifiques. Leur préoccupation majeure c'est de détruire. Elles travaillent comme des agents entre les mains des forces démoniaques.

LES IDOLES
Les idoles des enfants d'Israël étaient toutes représentées sur le mur. Sais-tu que chaque idole a un démon qui la contrôle ? De même chaque idole à un autel, une voix, un emplacement ainsi que sa propre puissance. Selon la révélation d'EZECHIEL toutes les idoles étaient disposées sur le mur de manière à ce qu'elles puissent accomplir des méchantes pratiques.

Plusieurs de nous luttons contre les idoles. Un grand nombre parmi nous viennent de familles idolâtres. Tu pourrais être chrétien aujourd'hui mais tes ancêtres étaient des idolâtres invétérés. Plusieurs d'entre nous portent des noms qui sont liés au idoles. Ces noms là ont été écrits dans le registre du diable. Tu pourrais vivre dans un centre urbain mais les membres de ta famille sont au village continuent à traiter avec le diable. Sais-tu que les parents adorent encore certaines idoles sur ton

compte ? Ceci ouvre les yeux.

EN FINIR AVEC LES FORCES MALEFIQUES DE LA MAISON DE TON PERE

DES MECHANTS ANCIENS

Il y avait des anciens méchants. Soixante dix de ces méchants anciens étaient à l'origine des problèmes des enfants d'Israël. De telles forces ne font que se concentrer sur la destruction de la vie des gens. Les méchants anciens sont éparpillés partout. Leur préoccupation c'est de planifier la destruction du peuple de Dieu.

BRULER L'ENCENS

Le rôle de certains agents sataniques était de brûler l'encens. L'environnement était couvert par l'épaisse fumée d'un mauvais encens. Voilà comment ils font du mal au peuple.

SE LAMENTER POUR LA REINE DU CIEL

Certains agents du diable ne faisaient que pleurer pour la reine du ciel. Sais-tu que les agents du diable peuvent s'asseoir longtemps et faire des chants funèbres sur les vies des personnes encore vivantes ? C'est une abomination.

L'ADORATION DU SOLEIL

Vingt- cinq hommes tournaient leurs dos à la maison de l'Eternel regardant à l'orient et adorant le soleil. Que faisaient-ils ? ils tiraient la puissance des lieux célestes pour baptiser le peuple de démons. C'était un problème terrible. Sais-tu que ces sept méchantes abominations existent encore de nos jours ? Le fait est que le diable utilise des méthodes différentes pour continuer à garder les même gens dans l'ignorance. A moins que Dieu te donne un trou dans le mur, tu ne comprendras pas ce qui se passe. Beaucoup de gens vivent comme si le diable était en congé. Ils ne se rendent pas compte du fait qu'il y a beaucoup de problèmes au monde. Beaucoup font la sourde oreille à la prédication de la saine doctrine. Ils protestent disant que le pasteur essaie de les mettrent en poche. Le jour où de telles personnes réaliseraient qu'elles peuvent détecter ce que le diable fait à travers un trou dans le mur, elle cessera de traiter la parole de Dieu avec légèreté.

Si Dieu te montrait ce que les puissances des ténèbres font contre ta vie, tu te redresserais. Sais-tu que l'ennemi est méchamment méchant ? Combien j'aurais aimé pouvoir mieux décrire la méchanceté qui réside dans le cœur du diable !

Récemment au Royaume Uni, pendant mon ministère de délivrance, on amena un homme. C'était terrible. L'homme était attaqué par des forces démoniaques au point qu'il entreprit de s'auto-détruire. Il se faisait pleuvoir des coups serrés. Il se faisait pleuvoir des coups de poings sur lui-même sans que cela ne l'attaquât. Lorsque j'interrogeai sa femme, elle me dit que ça faisait six ans que cela durait. On aurait pensé qu'après un certain nombre de coups que cet homme s'infligeait, il se reposerait pour un temps mais il n'en était rien. Voilà un exemple de la méchanceté de l'ennemi.

Je voudrais que tu fasses cette prière :
« Tout vautour dans le monde spirituel à la chasse de ma vie spirituelle, péris au nom de Jésus. »

EN FINIR AVEC LES FORCES MALEFIQUES DE LA MAISON DE TON PERE

Si le seigneur ouvre tes yeux spirituels un jour, tu ne plaisanteras plus avec ta vie spirituelle. Si Dieu se décide à te montrer juste un peu de ce que le diable fait, tu seras toujours sur tes oreilles. Ta vie de prière changera automatiquement.

Ceci me rappelle l'histoire d'un homme de Dieu qui entra dans un avion. Il remarqua que l'homme à côté de lui priait agressivement. Cet homme continua à prier pendant 30 minutes. L'homme de Dieu était tant surpris que défié. Alors, il demanda l'église dont son voisin était membre. L'homme répondit de façon très étrange. D'une mine violente, il lui dit « Je ne suis pas chrétien. Sais-tu ce que je faisais pendant ces 30 minutes ? Je priais pour que les mariages des chrétiens échouent »

L'homme de Dieu fut tellement surpris de l'attitude de cet homme bizarre qu'il résolut de prier jusqu'à l'atterrissage de l'avion. Peut-être que s'il n'eut été témoin de cet événement, il n'aurait pas prié comme il le fit.

N'attends pas d'être choqué avant de commencer à prier. Si tu peux prier avec ferveur, Dieu va te montrer le trou dans le mur. Quand tu verras le trou dans le mur, tu verras qu'il avait toute une armée d'esprits méchants qui détestent de te voir faire du progrès dans ta vie. Si le Seigneur t'a enseigné à faire des prières de feu, tu ferais bien d'être sérieux là-dessus. Si tu ne te prépares pas pour les jours de pluies, tu pourrais être confus quand les troubles viendront. Sais-tu que tes ennemis tiennent des réunions nocturnes contre toi ? Ils le font sans relâche. Ces forces sont à l'œuvre sans se donner du repos pour nuire au peuple de Dieu.

Si tu rencontres des croyants qui n'ont aucun signe du fait qu'ils sont en contact avec le ciel cela montre qu'ils ont un très gros problème. Ils ont besoin de notre prière et de notre pitié. Ils ne savent pas que l'ennemi de leurs âmes travaille de ses doigts jusqu'aux os pour les détruire.

L'ennemi planifie des problèmes et de la tiédeur dans la vie de ceux qui sont insouciants.

Je n'ai fait qu'insister sur le fait que tu es toi-même ton meilleur prophète. Les croyants qui vont à gauche et à adroite pour chercher les prophètes ne font que gaspiller leurs efforts et leur temps. Malheureusement plusieurs d'entre eux vont juste porter des démons auprès de ces soi-disant maisons de prière. Ce n'est que quand l'ennemi a déjà traité avec eux qu'ils reviennent à MFM. Ils ont fait de nous le personnel de la brigade des sapeurs pompiers. Ils refusent de suivre les simples principes de la sainteté et du combat spirituel. Ils courent à grands pas là où ils brûlent leurs doigts en consultants des démons.

Plusieurs ne veulent ni lire ni obéir à la parole de Dieu. Ils sont à la recherche des percées instantanées qui n'arrivent jamais. Ils pensent qu'ils peuvent détenir les bénédictions sans la repentance. Ils veulent garder leurs péchés chéris et continuer à prier que Dieu les bénisse.

EN FINIR AVEC LES FORCES MALEFIQUES DE LA MAISON DE TON PERE

Les secrets de plusieurs d'entre eux seront bientôt dévoilés dans les mois et les années à venir. D'avantages de secrets seront révélés à la fin du jour. Plusieurs viendront à réaliser que les meilleurs prophètes qu'ils peuvent avoir c'est eux-mêmes. Si ta torche spirituelle s'est éteinte n'attends pas qu'un prophète quelconque vienne à ton aide. Ta meilleure stratégie c'est débrouille-toi toi-même.

Je veux que tu fermes les yeux et que tu prie ceci agressivement ! « Toute puissance élargissant mes problèmes péris au nom de Jésus. »

Si tu es déterminé à accomplir tes destinées, sois en sûr, le genre de réunion dans le livre d'Ezéchiel se tient contre toi. Tu pourrais ne pas y croire facilement mais un de ces jours, tu viendras à découvrir que la parole de Dieu demeure vraie à toujours. Dieu te donnera la vision du trou dans le mur. La réalité poindra sur toi. Alors tu seras très prudent quant à ta manière de gérer ta vie.

Bien-aimé, le temps n'est pas à la régression. Sais-tu que si tu rétrogrades aujourd'hui, le diable s'assurera que tu ne retournes pas à Dieu ? La nature des pierres d'achoppement qu'il met sur le chemin des rétrogrades en ces temps-ci prouve que le diable est très méchant. Mais il ne peut réussir à détruire que ceux qui sont insouciants.

Je l'ai dit et redit que je ne laisserai jamais le diable me détruire. Le diable sait par exemple que quand tu tombes dans la fornication ou l'adultère, les démons d'immoralité des sept derniers partenaires de la personne avec qui tu es tombé vont envahir ta vie. Ceci entraîne que les problèmes. Tu peux imaginer ce qui peut t'arriver quand tu portes les problèmes de sept personnes.

Ainsi, quiconque se livre à l'immoralité n'ayant qu'un seul démon finira par rassembler 49 démons d'immoralité. Les ennemis savent qu'une telle personne viole la loi de Dieu. Ils vont rapidement la baptiser de violents démons. Et quand de telles personnes viennent pour se faire délivrer, elles ne disent pas toute la vérité.

Il est très facile de pécher mais tu en porteras les conséquences pendant des années. La Bible est très claire là-dessus elle dit : « De même qu'une main se joint à d'autres, un pécheur ne restera pas impuni. » Tu feras plus attention quand tu auras appris cette vérité spirituelle.

LES CONSEQUENCES DES REUNIONS OCCULTES

Lorsqu'il se tient contre ta vie, le genre de réunion occulte qu'on a dans le livre d'Ezéchiel, tu as alors beaucoup de travail à faire. Tu commenceras à remarquer les choses suivantes
-       Du progrès à reculons
Ceci est un problème sérieux. Tu te retrouves entrain de faire du progrès dans la mauvaise direction. Au lieu d'aller vers l'avant,

tu seras entrain d'aller vers l'arrière.
- Des attaques tu vas commencer à subir les activités des forces maléfiques :

Par exemple tu pourrais commencer à subir les attaques des réducteurs d'étoile. Ton étoile pourrait être très scintillante mais ils pourraient commencer à l'assombrir par des activités occultes.

- Attaques des engloutisses d'argents : Tu pourrais subir les attaques des esprits qui engloutissent l'argent. Tu découvres alors aussitôt que la puissance derrière tes finances t'affecte négativement.
- Attaques des esprits qui retiennent le progrès.

Tu pourrais aussi détecter les activités des esprits qui retiennent le progrès : sais-tu que nuit et jour certains agents démoniaques ne font que prononcer des versets sataniques contre toi ? Certains de ces agents-là passent des nuits blanc juste pour faire des prières sataniques contre toi.

- Des rêves insignifiants

Tu pourrais aussi commencer à avoir des rêves insignifiants, c'est aussi là une stratégie satanique
- Une pluie d'afflictions
- De l'argent dont tu ignores les provenances pourrait se retrouver dans ton portefeuille ou tes affaires.
- Des percées amputées

Tu pourrais connaître des problèmes qu'on pourrait lier ou tes percées amputées.

Voilà les problèmes que le diable a créés contre plusieurs personnes aujourd'hui

La solution à tous ces problèmes c'est que Dieu t'accorde un trou dans le mur. Une fois que tu recevras ce genre de révélation, le diable ne pourra plus te harceler.

MÉTHODES POUR CRÉER UN TROU DANS LE MUR

La question que tu pourrais te poser à ce niveau c'est :

comment puis-je créer un trou dans le mur ? Comment recevoir le genre de révélation qui va changer les données de ma prière pour toujours ?

La réponse se trouve dans les Ecritures : « ne sais-tu pas qu'Ezéchiel fut incapable de percevoir le trou dans le mur jusqu'à ce qu'il ait prêché du chapitre un au chapitre sept ? Lorsqu'il atteignit le 8ème chapitre, il eu une révélation glorieuse, voici, il y avait un trou dans le mur »

Il est intéressant de noter que quand Dieu voulait traiter avec les concernés, Il traita avec aux de façon sérieuse. C'était sans pitié. Les seuls qui furent épargnés furent ceux qui avaient une marque sur leur front.

Quelles sont donc les méthodes pour avoir un trou dans le mur ?

EN FINIR AVEC LES FORCES MALÉFIQUES DE LA MAISON DE TON PÈRE

Elles sont à la disposition de ceux-là qui sont sérieux avec Dieu. Dès que tu te mettras à prier les points de prière donnés à la fin de ce chapitre, tu commenceras à avoir des événements spirituels. Par exemple, tu pourrais te retrouver soudainement dans des réunions des sorciers. A ta surprise tu pourrais découvrir que tu es le sujet de leur discussion. Ton choc pourrait être tel que tu ne peux pas prier à ce moment mais il te faudra prier tout de même. La révélation que Dieu va te donner pourrait te choquer. Tu ne peux recevoir cette révélation que si tu te décides à être sérieux avec Dieu.

- Demande au Seigneur de te montrer ton propre voile. Permets-lui de te montrer ce qui bloque ta vision.

- Demande au Seigneur d'ôter toute couverture des ténèbres. Laisse-le s'occuper de tout ce qui bloque ta vision spirituelle.

- Demande au Seigneur de balayer la cataracte spirituelle de tes yeux, afin que tu puisses voir ce que tu devrais voir.

Permets-moi de conclure ce chapitre en partageant avec toi l'expérience d'une sœur.

Cette sœur remarqua que chaque fois qu'elle rentrait du travail, la température de chacun de ses enfants était élevée. Elle ne comprenait rien de ce qui se passait vraiment.

Un jour, comme d'habitude, elle s'en alla au travail et le Saint-Esprit lui donna un message assez étrange. Dès son arrivée à

EN FINIR AVEC LES FORCES MALÉFIQUES DE LA MAISON DE TON PÈRE

l'arrêt du bus, elle entendit : Ma fille, retourne à la maison.

D'abord, elle trouva cela difficile de comprendre l'instruction que le Saint Esprit lui donnait. Elle s'efforça tout de même à obéir. A son arrivée, ses enfants criaient d'une façon étrange. Elle aperçus la fille de ménage assise au centre du salon entourée de ses trois enfants qui criaient. La fille de ménage était mi-humaine, mi-serpent, la tête était celle de la jeune fille tandis que le reste du corps était tout serpent. La femme s'écria : JÉSUS ! la jeune fille redevint tout humaine prétendant que rien ne s'est passé.

La femme ne pouvant contenir son émotion dit « Ainsi donc, jeune fille, tu es un serpent ! » A la surprise de la femme chrétienne, la fille de ménage lui répondit : « Madame, ne me dites pas qu'avec cette grosse Bible que vous amener partout

avec vous et tout votre engagement à l'église, vous ne saviez pas que je suis un serpent ! Qui a tué votre mari, n'est ce pas moi ?

La femme chrétienne n'en croyait pas ses oreilles.

Pourquoi ne pas prier ainsi : « Toi, cécité spirituelle, dégage au nom de Jésus ! »
Tu dois en finir avec toute forme de cécité spirituelle. Prépare-toi maintenant à une session de prière qui va transformer ta vie.

LES FORCES A COMBATTRE

EN FINIR AVEC LES FORCES MALEFIQUES DE LA MAISON DE TON PERE

Une chose est certaine. Dès que tu décides de remplir ta destinée, sois sûr que tout l'enfer réuni se dressera contre toi. Sais-tu qu'il y a des forces qui ne veulent pas que tu mènes une vie sainte ? Il y a des esprits qui ont juré de t'empêcher d'aller au ciel. Il y a des esprits qui seraient réjouis de te voir avancer de façon aveugle en enfer. Il y a des esprits qui tiennent des veillées pour s'assurer que tu n'expérimentes par tes percées. Il y a des esprits dont la spécialité est de donner des postes religieux aux gens afin de les empêcher de se concentrer sur le ciel.

Certains esprits sont spécialisés à promouvoir les chrétiens au-delà de leur expérience et de leur niveau spirituel. Ces esprits sont à l'œuvre nuit et jour, simplement pour introduire de la régression dans les vies des hommes et des femmes. Il y a des forces dont la seule tâche est d'égorger, de voler et de détruire. Il y a des esprits qui sont irrités pour notre façon de prier. Tu dois t'attaquer à ces esprits.

A présent que tu es entrain de recevoir les clés pour obtenir un trou dans le mur, il te faut disperser toute sorte de rencontre démoniaque tenue contre ton bien-être spirituel et physique si tu peux prier, tu connaîtras des percées.

POINTS DE PRIERES
1. Toute alliance entre mes ancêtres et les esprits maléfiques, péris au nom de Jésus.
2. Toi, puissance ancestrale maléfique, péris, au nom

de Jésus.
3. Toute puissance des eaux et toute puissance animale dans ma lignée familiale, je vous détruis au nom de Jésus.
4. Tout mariage spirituel avec les esprits des eaux, péris au nom de Jésus.
5. Toute méchanceté prononcée contre ma destinée avant ma naissance, périe, au nom de Jésus.
6. Mes ennemis verront le Doigt de Dieu au nom de Jésus.
7. Je rejette toute autorité maléfique au nom de Jésus.
8. Tout transfert satanique de noms maléfiques, je te détruis au nom de Jésus.
9. Tout esprit supervisant des autels maléfiques dans ma famille, péris, au nom de Jésus.

EN FINIR AVEC LES FORCES MALÉFIQUES DE LA MAISON DE TON PÈRE

EN FINIR AVEC LES FORCES MALEFIQUES DE LA MAISON DE TON PERE

CHAPITRE SIX

COMMENT PERCEVOIR LE TROU DANS LE MUR

IL FAUT QUE TES YEUX SPIRITUELS S'OUVRENT

Tu ne peux pas apprécier l'importance de la révélation divine jusqu'à ce que Dieu ouvre tes yeux et te fasse voir ce qui se passe dans le monde spirituel.

Jetons un second regard sur ce passage de mystère.

Ezéchiel 8 : 7-18

« Alors, il me conduisit à l'entrée du parvis. Je regardai, et voici, il y avait un trou dans le mur. Et il me dit : Fils de l'homme, perce la muraille ! Je perçais la muraille, et voici, il y avait une porte. Et il me dit entre et voit les méchantes abominations qu'ils commettent ici ! J'entrai et je regardai, et voici, il y avait toute sorte de figure de reptiles et de bêtes abominables, et toutes les idoles de la maison d'Israël, peintes sur la muraille tout autour. Soixante dix hommes des anciens de la maison d'Israël au milieu desquels était Jaazania fils de Schaphan se tenaient devant ces idoles chacun l'encensoir à la main, et il s'élevait une épaisse fumée d'encens. Et il me dit : Fils de l'homme, vois-tu ce que font dans les ténèbres les anciens de la maison d'Israël chacun dans ses chambres pleines de figures ? Car ils disent : L'Eternel ne nous voit pas, l'Eternel a abandonné le pays ! Et il me dit : Tu verras encore d'autres grandes abominations qu'ils commettent. Et il me conduisit à l'entrée de la porte de la maison de l'Eternel, au côté du septentrion. Et voici il y avait là, des femmes assises qui pleuraient Thammuz. Et il me dit : vois-tu fils de l'homme ? Tu verras encore d'autres abominations plus grandes que celles-là. Et il me conduisit dans le parvis intérieur de la maison de l'Eternel, et voici, à l'entrée du temple de l'Eternel, entre le

portique et l'autel, il y avait environ vingt-cinq hommes qui tournaient le dos aux temples de l'Eternel et le visage vers l'orient et ils se prosternaient à l'orient devant le soleil. Et il me dit : vois-tu fils de l'homme ? Est-ce trop peu pour la maison de Juda de commettre les abominations qu'ils commettent ici ? Faut-il encore qu'ils remplissent le pays de violence et qu'ils ne cessent de m'irriter ? Voici, ils approchent le rameau de leur nez. Moi aussi, j'agirai avec fureur, mon œil sera sans pitié, et je n'aurai point de miséricorde. Quand ils crieront à voix haute à mes oreilles, je ne les écouterai pas ».

LES BENEDICTIONS PERDUES DES PROFITS SPIRITUELS

Il y a plusieurs années nous avions une école de prophètes que nous dirigions en ce temps-là, nous réunissions souvent les participants pour les engager dans un jeûne complet à sec de trois jours sans nourriture et sans eau. Ceux qui y prenaient part le faisaient avec joie et enthousiasme. En ce temps-là, on attribuait de la valeur aux choses spirituelles plutôt qu'aux choses matérielles.

C'est étonnant qu'aujourd'hui, le programme de prière et de jeûne de « Le Pouvoir doit changer des mains » qui ne dure qu'un jour entier et quelques heures cause beaucoup de problèmes aux gens. En ce temps-là, les gens étaient heureux de jeûner-mais la génération d'aujourd'hui a perdu de vue les profits spirituels et leur puissance. Voilà la tragédie de cette génération.

95% des lettres qui nous parviennent tournent autour des intérêts matériels. Il se pourrait que notre génération ait décidé

d'attribuer plus de valeur aux intérêts matériels qu'aux choses spirituelles. En ce temps-là, nous expérimentions la présence de Dieu dans nos programmes pour comprendre ce qui se passe réellement tu dois admettre que la situation actuelle est due au fait que les priorités ont été confondues. Notre sens de valeurs a été renversé.

Je me rappelle un incident particulier qui eut lieu pendant l'une de ces réunions spirituellement ointes. Pendant qu'une sœur de la congrégation priait, elle vit quelque chose d'extraordinaire. Il y avait un homme très grand, un géant dont les vêtements étaient d'une blancheur éblouissante. Il se tenait à l'extrémité arrière du bâtiment de l'église. Les yeux de cet être angélique étaient rouges. La sœur fut effrayée. Pendant longtemps, elle continua à regarder cet être angélique, ne sachant que faire. Pour la première fois dans sa vie spirituelle, le seigneur ouvrit ses yeux pour qu'elle voit une chose surnaturelle. C'était inoubliable cette expérience qu'elle avait eue. Le Seigneur lui ouvrit les yeux afin qu'elle voit au-delà du monde physique.
Dès la fin de la réunion. Elle décida d'aller chez sa partenaire de prière pour lui faire-part de sa nouvelle expérience. A son arrivée elle vit quelqu'un qui mangeait le riz à la viande de bœuf. Mais au lieu de cette nourriture normal que cet homme mangeait, elle vit en esprit que le riz était recouvert du sang humain. A l'invitation de se joindre à lui à table, elle s'excusa. Elle avait ce

que les autres ne pouvaient voir. Sur son chemin de retour à la maison, elle était désolée pour elle-même. Elle se demandait tout ce qui lui était arrivé jusque-là. A d'autres occasions, elle se serait juste précipité à manger le riz.

Bien-aimé, si tu n'es pas prudent et si tes yeux ne sont pas ouverts, tu finiras par manger du sang humain. Tu pourrais ne pas savoir que tu manges de la nourriture démoniaque. Voilà pourquoi la Bible dit : « Mon peuple périt faute de connaissance. » Arrête de lire un instant. Place ta main sur ta tête et dis ceci avec la vigueur d'un lion blessé.
« Ô Dieu, élève-toi et ouvre mes yeux spirituels au nom de JÉSUS. »

La première chose qui dois se passer c'est que Dieu ouvre tes yeux spirituels. Quelle est la seconde étape par laquelle tu dois passer pour être divinement capable de voir le trou dans le mur ?

TU DOIS DETRUIRE LE VIEIL HOMME
Le vieil homme est ton plus grand ennemi et c'est l'ennemi de Dieu. Il hait la sainteté, donc, c'est un ennemi du ciel. C'est un ami satanique en hibernation dans ta vie. Depuis la chute du jardin d'Eden, où l'homme perdit toutes les bonnes choses que Dieu avait plantées pour lui dans le jardin, le cœur de l'homme est devenu ce que la Bible appelle de vieil homme. C'est une entité terrible. C'est la nature charnelle qui habite au-dedans

EN FINIR AVEC LES FORCES MALEFIQUES DE LA MAISON DE TON PERE

de nous. C'est les restes du péché qui ont juré de ne pas nous laisser en paix. On peut aussi l'appeler le péché originel.

Pour autant que tu continues à donner les champs libres au vieil homme dans ta vie, tes yeux spirituels ne peuvent jamais rien voir et ceci simplement parce qu'il n'est pas possible d'être dans le camp de l'ennemi et d'être en même temps autorisé à espionner ce qui se passe là-bas. Le vieil homme fait de toi une personne qui ne peut pas s'élever au statut de fils partout où le vieil homme s'épanoui, l'Esprit de Dieu reste juste un observateur. Plusieurs crient à Dieu : « Ô Dieu me voici, utilise-moi, je voudrais entendre ta voix et avoir des visions célestes ». Mais ils ne peuvent recevoir aucune réponse à leur requête. Dieu ne leur donnera jamais de vision à moins qu'ils traitent avec le vieil homme une fois pour toutes. Dieu te dit qu'aussi longtemps que tu demeures proche du vieil homme, tu ne peux pas voir sa gloire.

Ceci me rappelle la vision de l'un de nos aînés pentecôtistes les plus respectés. Il pria avec ardeur disant : « Ô Seigneur, il y a beaucoup de bébés dans cette église. Que ferons-nous ? Ô Dieu, interviens, fais les grandir, donne-leur la puissance, donne-leur la révélation dans ta connaissance. »

L'homme de Dieu était tellement sous le poids du fardeau qu'il cria à Dieu sept jours et sept nuits. Dieu lui donna une révélation à la fin. Il vit un fournisseur ayant beaucoup de mets succulents à donner. La nourriture dégage une odeur agréable étant très chaude. De l'autre côté, il y avait une longue file des membres de son église qui attendaient d'être servis. Chacun son plat à la main. Il remarqua quelque chose de bizarre le fournisseur pleurait amèrement. Ceux de la file pleuraient aussi et certain disaient : « Donne-nous à manger s'il te plait, nous avons très faim. »

Le fournisseur, pleurant, leur disait à son tour : « Je suis près à vous donner à manger mais vos plats sont sales et infectés. Si vous examinez vos plats, vous allez voir qu'il y a des excréments dessus ».

C'est précisément ce qui ne va pas avec plusieurs d'entre nous aujourd'hui. Tu cris pour la puissance de la révélation mais tu n'es pas prêt à garder ton vase pur. Les voies de Dieu sont très simples. Dès que tu remplis tes conditions, il te donne ce que tu demandes. La Bible est claire la dessus. Elle dit « Le Seigneur l'Eternel ne fait rien sans révéler à ses serviteurs les prophètes » Sais-tu que pendant que tu lis ce livre, il y a des gens qui savent ce qui se passera au Nigeria dans les dix années à venir ? Il y a des gens qui savent jusqu'au moindre détail ce que Dieu fera dans l'église pendant les cinq prochaines années. Ces gens-là ne sont pas des êtres humains extraordinaires. Rien ne t'empêche de devenir l'un d'eux. Ce que tu dois faire c'est tuer le vieil homme.

Plusieurs personnes ont des problèmes parce que le vieil homme est vivant et s'épanouit dans leur vie. Si tu rencontre des chrétiens qui disent des mensonges, sois-en sûr, le vieil homme est très fort dans leur vie. S'il t'arrive de rencontres des chrétiens qui se battent publiquement, cela montre que le vieil homme frappe dure dans leur vie.

L'ORGUEIL, SEMENCE DU VIEIL HOMME

Une autre façon de détecter la présence du vieil homme, c'est en décelant les évidences de l'orgueil dans la vie de ces soi-disant chrétiens. L'orgueil est l'arme la plus efficace des anges du ciel. C'est l'orgueil qui changea des anges bons en démons. Dieu n'a jamais créé le diable. Il créa Lucifer le sens du mot orgueil en Grec est très révélateur. C'est assimilé à quelque chose qui gonfle comme un ballon. Ceci veut dire que tu essaies de l'élever au-dessus de Ton niveau réel. C'est un indice de

l'exaltation de soi.

L'orgueil est extrêmement mauvais. Beaucoup d'autres péchés sont liés. Plusieurs personnes ne voleraient pas s'ils n'étaient poussés par l'orgueil. Beaucoup de gens qui volent ne sont pas prêts à mener une vie humble. Ils veulent mener une vie au-dessus de leurs moyens. Alors ils entrent dans des gangs de valeurs à main armée.

L'orgueil te donne l'impression que tu es supérieur aux autres. Cela veut dire que tu as décidé de te surestimer, tu veux adopter une stature qui est supérieure à la tienne. Tu pourrais commencer à te sentir supérieur aux autres tout simplement parce que tu estimes plus grand ou plus riche qu'eux peut-être aussi à cause de tes possessions ou de tes talents, ou de ton éducation, ou alors tes contrats dans l'entreprise.

La simple vérité c'est que tu es orgueilleux au lieu d'être humble. Le vieil homme s'épanouit en toi et tu ne peux pas voir un trou dans le mur.

La vie des orgueilleux est remplie de démêlés, d'altercations, de divisions, de querelles, de discorde et de vitriol ainsi que les choses semblables.

Si nous nous entendons et notre objectif à tous devient la gloire de Dieu, personne ne sera orgueilleux. Dès que tu commences à te sentir meilleur à une autre personne, le vieil homme est déjà à l'œuvre.

Si tu entends certains parler de leurs diplômes, tu peux devenir malade. Certains se disent qu'ils faillent encadrer leurs diplômes et les accrocher à leur cou pour montrer aux autres qu'ils sont particulièrement qualifiés. Ils veulent que tout le monde sache qu'ils ont une maîtrise ou un doctorat. Certains courent la mer et la terre pour dire à qui veut écouter que leurs parents sont les premiers juristes ou ingénieurs qualifiés du pays. C'est l'orgueil qui soutient de telles attitudes. Certains démontrent l'orgueil à l'église en disant « Je ne peux pas trouver ceux de ma classe. Qu'est ce qui m'aurait amené ici si ce n'est le fait qu'il n'y a pas mieux ailleurs » ça c'est de l'orgueil !

Certains refusent de participer aux projets en groupes disant : « pourquoi m'ont-ils élu chef ? Ils ne semblent pas respecter mes qualifications académiques. »

Ces derniers temps, nous disons à nos sœurs que nos services de dimanche ne sont pas des occasions pour les défilés de modes ou d'exhibition. Grâces soient rendues à Dieu de ce que plusieurs d'entre elles commencent à changer leurs accoutrements bidons. Elles savent maintenant que la maison de Dieu est une maison de prière.

Bien-aimé, personne ne désire savoir combien tu t'habilles cher. S'habiller pour plaire au vieil homme n'est rien d'autre qu'une perte inutile de temps et de ressources. Habiller le vieil homme c'est se comporter comme une chauve souris aveugle.

Certain se concentrent à manifester le caractère du vieil homme. Ils disent des choses comme celles-ci : « Je ne peux pas adorer là où on ne me verra pas. Partout où je vais, je suis au

premier plan chaque fois que j'entrais dans mon ancienne église, on se levait en signe de respect. Pourquoi est-ce que je suis comme une personne vulgaire ici ? pourquoi est-ce qu'on ne me donne pas d'attention ? »

Certains sont simplement incorrigibles. Si tu te hasardes à les corriger, ils réagissent violemment. Aussi longtemps que tu exhiberas ces traits, tu ne pourras jamais rien voir dans le monde spirituel. Tu continueras à avoir de mauvais rêves, à être en communion avec les démons et à être attaqués par eux. De méchants fournisseurs te nourriront toutes les nuits.

Des coiffeurs démoniaques continueront à mettre des marques sur ton corps. Evidemment, des agents démoniaques te visiteront régulièrement puisque le vieil homme vit encore en toi.

LA COLERE, SEMENCE DU VIEIL HOMME

Pour, plusieurs autres personnes, le vieil homme manifeste sa laide présence par la colère. Dès que tu les offenses, il bouillonne à l'intérieur. La vie de telles personnes peut être assimilée à un volcan prêt à entrer en éruption.

Beaucoup de foyers sont détruits à cause de la colère. Beaucoup de couples ont divorcé à cause de la colère. Tu dois tuer le vieil homme !

Récemment, quelqu'un m'a demandé : « G.O. puis-je participer à la Sainte scène ? je n'ai pas payé toute ma dîme. » La réponse est simple ne participe pas à la table du Seigneur si tu es en voleur. Voler la dîme et l'offrande de Dieu c'est être un voleur de la plus grande catégorie. Comment peux-tu voler

Dieu et participer à Son Sang et à sa chair ?

Il y a une église dans notre pays Nigeria où beaucoup sont morts en participant à la table du Seigneur indignement. Ils l'ont fait en s'accrochant à leurs péchés. Il n'y avait en eux aucun cola de repentance Dieu les visita dans le jugement. D'autre partit, si tu évites de prendre part à la table du Seigneur, c'est une preuve que tu n'es pas en route pour le ciel. Il faut que ta vie change. Tu peux commencer à voir un trou dans le mur seulement quand tu t'es repenti de tous tes péchés.

TOUTE FONDATION SECRETE DOIT ETRE EBRANLEE
Demande à Dieu d'ébranler toute fondation secrète de ta vie. Toute racine mauvaise et maléfique dans ta vie doit être ôtée. Ceci est crucial. A ce niveau je veux que tu fermes les yeux, que tu poses ta main droite sur ton nombril et dises. « Racines de ténèbres dans ma destinée, périssez au nom de Jésus. »

Récemment, j'ai visité la branche de MFM de Londres. Une avocate vint pour la prière et la délivrance. Elle me regarda fixement et dit : « Quelqu'un m'a parlé de vous et je me suis décidée à venir vous voir. Je sais que vous êtes un prophète et que vous pouvez m'aider. »
Je lui demandai de continuer la rassurant que je ferai le possible pour l'aider. Elle ouvrit son sac et en sortit un cahier, elle me dit qu'elle avait cinq enfants, trois garçons et deux filles. Le nom du premier était inscrit sur la première page, celui de second sur la deuxième et ainsi de suite.

Je fus surpris lorsque la dame me demanda de choisir un homme,

sur une liste de dix, qui épouserait sa première fille. Je lui demandai d'où venaient ces noms et elle me répondit qu'elle avait rassemblé les noms de ceux qui rendaient visite à ses enfants. Elle me tendit le cahier, me demandant de faire le choix d'un prophète. Elle me dit honnêtement qu'elle avait déjà fait la même requête à d'autres endroits. Plusieurs parents

EN FINIR AVEC LES FORCES MALEFIQUES DE LA MAISON DE TON PERE

font encore cela.

Permets-moi de partager une histoire avec toi :
Une certaine femme souffrait terriblement parce qu'un homme fort liait sa destinée. La première nuit de son premier mariage, elle se réveilla à 2 heures du matin et découvrit que son mari plaçait ses deux jambes sur le mur. Elle essaya de le réveiller mais l'homme restait là comme un long morceau de bois. Elle le secoua violemment et il fallut cinq minutes à l'homme pour ouvrir ses yeux. Elle reçu le plus grand choc de sa vie quand l'homme lui dit : « Ne fais plus jamais cette erreur pour le reste de tes jours. Chaque fois que tu me vois dans cette position, sache que j'ai entrepris un voyage spirituel si te hasardes encore à me toucher, tu verrais. Je vais tout de même discipliner ton père et ta mère pour ce que tu viens de faire.

Quand elle se réveilla le matin, elle apprit que son père et sa mère étaient morts. Elle en fut si effrayée qu'elle fit ses affaires et s'enfuit de la maison de cet homme.
Cinq ans plu tard, elle épouser un autre homme. Il se leva une nuit à deux heures du matin exactement et la traîna jusqu'à la porte des garçons. Il lui dit : « Je t'avertis. N'ose jamais ouvrir cette porte. Si tu essaies, tu mourras. »

Elle était si confuse qu'elle ne savait que faire. Un jour elle ressentit une telle pression qu'elle se décida à l'ouvrir. En ouvrant la porte, elle vit une vielle femme qui était sèche comme un poisson sec, elle était sans vie. Elle remarqua que la vielle femme portait une calebasse et à sa grande surprise, des liasses de billets de banques étaient sur le plancher. Elle s'évanouit. Voilà comment elle s'enfuit du second mariage.

Elle continua à épouser les mauvaises personnes. Ferme tes yeux et fais cette prière « Toute erreur sou tendue par l'envoûtement, dégage au nom de Jésus. »

PAR LE SANG DE JÉSUS EFFACE TOUTE ALLIANCE SATANIQUE FAITE AVEC TES ANCÊTRES

Tu pourrais ne pas connaître le genre de pacte ou d'alliance faite par tes ancêtres. Ils pourraient avoir pactisé contre les membres de ta famille pour une mort prématurée, la pauvreté et l'échec au bord du succès. Ils pourraient avoir pactisé contre quiconque dans la famille mangerait le gombo afin qu'il ne réussisse jamais dans sa vie. Ils pourraient s'être accordés que tous les membres de la famille ne cesseront jamais d'adorer les idoles. Une grande malédiction pourrait avoir été placée sur quiconque violerait les pactes maléfiques.

De tels pactes peuvent bel et bien avoir été fait sans que tu le saches. Et si tu ne les annules pas et que tu les violes même inconsciemment, tes efforts pourraient s'avérer inutiles. Le diable te tourmentera et Dieu ne te montrera jamais un secret. Tu dois annuler tous les pactes négatifs.

EN FINIR AVEC LES FORCES MALEFIQUES DE LA MAISON DE TON PERE

REDUIS AU SILENCE TOUTE VOIX MALEFIQUE QUI S'ELEVE CONTRE TOI

Beaucoup de gens ne savent pas qu'il y a toutes sortes de voix qui parlent contre eux. Les voix qui s'élèvent contre toi pourraient être celles des enfants que tu a avortés. Ça pourrait être la voix de la femme qui décida de se suicider, ou qui est devenu folle ou souffre d'une dépression mentale parce que tu l'a laissé tomber.

Ce pourrait être la voix des autels de tes ancêtres. Gédéon souffrait parce que la voix des autels de son père criait contre lui. Il était supposé être un homme de valeur, vaillant mais il vivait dans l'esclavage. Il était très loin de là où il devait être. Il y avait quelque chose dans la cour de son père qui criait contre lui. Fais taire toutes les voix qui s'élèvent contre toi.

DETRUIS LA MONTRE DU DIABLE

Sais-tu que le diable a son horloge à lui avec laquelle il contrôle les destinées des hommes et des femmes ? Il opère dans beaucoup de vie avec sa montre. Tu dois arrêter cette horloge afin qu'elle ne contrôle plus ta destinée.

DETRUIS TOUT PACTE DE SANG

Annule tout pacte de sang complètement : Aussi longtemps qu'un pacte de sang contrôle ta vie, ta destinée pourrait ne jamais s'accomplir et tes yeux spirituels ne jamais s'ouvrir.

BRISE TOUT LIEN AVEC DES ETRES CELESTES, FAIS DES

EN FINIR AVEC LES FORCES MALEFIQUES DE LA MAISON DE TON PERE

PRIERES DE DESTRUCTION CONTRE LES ETRES DEMONIAQUES

Si tu peux suivre toutes ces étapes, tu seras émerveillé en voyant le genre de vision que Dieu te donnera. Dieu te montrera les choses secrètes qui se passent dans les lieux secrets contre ta vie.

Pendant l'un de nos programmes de 'Pouvoir doit changer des mains' j'ai partagé une expérience importante. Il y avait une sœur très riche dont la vie était sans dessus-dessous, elle allait de lieu en lieu cherchant de l'aide. Pour empirer les choses, l'une de ses amies lui proposa de l'amener voir un féticheur ou un herboriste. Arrivée dans la maison du féticheur, elle découvrit que l'homme était impotent des pieds et analphabète. La sœur très instruite et très riche fut choquée quand cet homme lui dit que le seul moyen de résoudre son problème était qu'elle couche avec lui. Elle claqua la porte et décida d'aller ailleurs.

Son amie la persuada de faire ce que le féticheur avait dit disant que c'est ce qu'elle avait elle-même fait pendant ses moments de crise. « Pourquoi ne pas le faire et sortir de tes problèmes » dit-elle ! Elle décida de fermer les yeux et de laisser le féticheur commettre l'immoralité avec elle. Elle ôta ses vêtements et attendit soudainement. Elle entendit la voix de féticheur lui dire à côté du lit « porte-moi ».

Tout cela l'irritait tellement qu'elle s'habilla et s'enfuit de la maison de l'herboriste. Elle décida qu'elle périrait au lieu de danser au rythme du féticheur. Alors quelqu'un la dirigea vers moi.

Dès son arrivée, on lui donna certains programmes de prière.

Après avoir prié quelques temps, elle vit un œuf suspendu au plafond de sa chambre. Voilà comment Dieu lui donna l'occasion de voir un trou dans le mur. Elle alla vers sa mère avec une question : Y-a-t-il dans mon histoire quelque chose qui a trait à un œuf suspendu ?

Sa mère répondit : « oui, en ces temps-là, j'avais des fausses couches. Alors je consultai un féticheur qui fit un rituel qui avait trait à l'œuf suspendu. Voilà comment tu es née. » Pour la première fois, la sœur découvrit que sa vie était suspendue comme un œuf.

Beaucoup de choses se passent dans ce monde. Le genre de prière qui est à la fin de ce chapitre s'élève au-dessus de ce qu'on doit prendre à la légère. Le genre de prière que tu feras pour avoir accès aux secrets divins n'est pas ordinaire. Tu dois prier de toutes tes forces. Il faut que tu pries avec ferveur pour recevoir une vision du monde spirituel. Alors rien ne pourra plus jamais t'effrayer. Tu seras confiant quel que soit ce que les méchants esprits essayent de dire.

N'as-tu pas assez de vivre comme un non-croyant ? Pourquoi manquerais-tu de savoir ce qui se passe dans ta vie ? voici le moment de crier à Dieu afin qu'il convertisse tes rêves en visions. Demande à Dieu de te faire transcender le niveau des rêves pour le monde des révélations. Prier jusqu'à ce que Dieu commence à ouvrir tes yeux sur les secrets de tes ennemis.

POINTS DE PRIERE

1. Toutes mes bénédictions retenues par la sorcellerie, soyez libérées au nom de Jésus.
2. Calendrier de sorcellerie contre ma vie, péris au nom de Jésus.
3. Tout ce qui a été planté dans ma vie par la sorcellerie, sortez au nom de Jésus !
4. Au nom de Jésus ! je possède toute chose volée dans ma vie par la sorcellerie.
5. Toute réunion de sorciers convoquée pour me tirer en bas, dispersion à la désolation ! Au nom de Jésus.
6. Toute foule satanique réunie pour se moquer de moi, disperse-vous à la manière de la tour de Babel au nom de Jésus.
7. Je renvoie toute flèche de la sorcellerie envieuse au nom de Jésus.
8. Je renvoie toute flèche de la sorcellerie marine au nom de Jésus.
9. Tout persécuteur ancestral, sors maintenant, au nom de Jésus.
10. Toi, esprit de sorcellerie, emporte ton poids mauvais au nom de Jésus.
11. Toute banque de sorcellerie, relâche mes bénédictions au nom de Jésus.

EN FINIR AVEC LES FORCES MALÉFIQUES DE LA MAISON DE TON PÈRE

EN FINIR AVEC LES FORCES MALEFIQUES DE LA MAISON DE TON PERE

CHAPITRE SEPT

LES ETRANGERS PERIRONT

Beaucoup de Chrétiens souffrent de façon atroce sans savoir pourquoi. Leur vie est minée par l'affliction nuit et jour et ils se demandent ce qui se passe.
Quelques fois l'ennemi dissimule tellement des agents que la Bible a fini par les appeler de étrangères.

Psaumes 18 : 44-46

« Tu me délivres des dissent du peuple. Tu me mets à la tête des nations : un peuple que je ne connais sais pas m'est asservi, ils m'obéissent au premier ordre. Les fils de l'étranger me flattent, les fils de l'étranger sont en défaillance, ils tremblent hors de leur forteresse » On peut encore lire ces verstes de la façon suivante : « Les étrangers échoueront les étrangers périront » ou encore : « Les « étrangers perdront courage et ils sortiront tremblants de leurs cachettes. »

On peut aussi les lire : « Ils sortiront en hâte de leurs lieux étranges et ils sortiront de leur forteresse en tremblants une chose qui est marquante dans toutes les variations c'est que les étrangers dépériront »

QU'EST CE QU'UN ETRANGER ?

C'est un intrus, c'est-à-dire quelqu'un ou quelque chose qui occupe un endroit qui ne lui convient pas. Une personne devient un étranger lorsqu'elle quitte son pays pour un autre. Un objet devient un corps étranger quand il se retrouve dans un milieu inapproprié. Par exemple : un pair de ciseaux dans le ventre : une chaîne dans la poitrine etc. Les étrangers ont généralement leur demeure là où la Bible appelle la cachette ou la forteresse. Leurs forteresses sont en principe souvent très cachées. Il est très souvent très difficile de les localiser pour les détruire. Mais avec des prières dangereuses et violentes, leurs forteresses sont défiées et ce que la Bible dit se produit. Les étrangers dépériront et sortiront tremblants de leurs cachettes.

EXPERIENCES VRAIES
On pria une fois pour une femme dont la grossesse avait déjà durée 18 mois et quand elle entra en travail, une chose étrange se produisit : Elle accoucha a un paquet de nylon noir ! La question c'est : comment ce sac de nylon est-il entré dans son ventre ?

Au MFM de Port Harcourt, des animaux vivants sortirent des gens après la prière, un rat vivant qui était sorti de personne on le mit dans une bouteille et on le filma. On a délivré certaines personnes des animaux en elles à la cité de prière de MFM. Quand tu vois des serpents et des rats vivants sortant de personnes vivantes, tu commences à te poser des questions. Comment y sont-ils entrés ? Il est impossible qu'une personne qui héberge un animal vivant en elle mène une vie sensée.

Il y a eu des situations où des êtres vivants sont sortis des gens justes parce que leurs forteresses ont été ébranlées par des prières chaudes.

Un frère gisait sous une pauvreté abjecte ! Insatisfait dans cette situation, il fit des prières terribles et chaudes et, en

plein jour, non pas dans une vision ou dans un rêve, il vit un vieillard vêtu de haillons, semblable à un mendiant sortir de lui. Le vieillard s'avança se retourna, fit signe d'au revoir au frère qui à son tour fit de même. Ce fut la fin de sa pauvreté, du besoin et de l'indigence.

Peut-être que tu es entrain de lire ce livre et tu gis sans une pauvreté abjecte ou alors tu n'es pas satisfait de ta condition. Fais cette prière et le Seigneur va te surprendre. « Par la puissance du Saint-Esprit, je passe de là où je suis à la où je suis supposé être au nom de Jésus ».
Un paralytique fut amené à l'une de nos réunions et pendant que nous prions, il ressentit quelque chose sorti de sa tête. Il la saisit. Plus nous prions plus l'objet s'allongeait et à la fin, l'objet avait la largeur d'une règle et la taille de l'homme lui-même. Dès qu'on fit sortir cet objet, l'homme reçut une guérison instantanée. Qui n'aurait jamais pu le convaincre que quelque chose, semblable à une règle était programmée dans sa vie. Ou alors qui peut convaincre un homme qu'un être vivant réside en lui ?

Il y eut un autre cas. Après une réunion de prière, une femme eut envie d'aller se soulager. Lee s'en alla dans les toilettes et revint avec deux poissons de vase qui étaient sortis d'elles, ceci se passa à MFM de Jos au nord du Nigeria comment ces poissons sont-ils entrés en elle ?

J'ai vu beaucoup de situations où des choses étranges sont sorties des gens et j'ai entendu parler des instances où des reptiles sont sortis des gens.

Beaucoup sont dans cette situation mais ils ne savent pas comment en sortir.
La Bible dit dans Mathieu 11 :12 « Depuis le temps de Jean-Baptiste jusqu'à présent, le royaume des lieux est forcé et ce sont les violents qui s'en emparent. »
Ce passage fait mention de « violence » et de « violents »

Comment décrire la présence des animaux, des sacs de nylon, des règles et des autres objets étranges si ce n'est que c'est une violente méchanceté ?

Ces méchants esprits sont très rusés et ils cachent généralement leurs forteresses dans leurs hôtes. Ils détruisent, corrompent, pervertissent continuellement chaque segment de la vie des êtres humains. Sans se cacher, ils accomplissent leur mission de tuer, égorger, voler et détruire. C'est à cause de l'ignorance qu'ils ont cet accès libre. L'homme est ignorant et voilà pourquoi ils agissent impunément puisqu'il n'y a pas de résistance, ils initient la décomposition intérieure qui va s'étendre jusqu'à la destruction extérieure.

ACTIVITES DES ETRANGERS
Certaines personnes semblent ignorer que la vie est un combat et que l'univers est sous la puissance des méchants esprits.

Très souvent il y a des luttes intérieures et de la confusion. Ceci implique qu'il y a un étranger. Quand on ne traite pas avec ces étrangers, ils ces exercent une mauvaise influence dans notre vie. Quelqu'un peut penser que tout va bien mais ce « bien » peut être la manière des choses que Dieu a en réserve pour lui.

Le temps est venu de chercher l'ennemi à l'intérieur de nous et non à l'extérieur. Ce ne sont ni tes femmes, ni tes enfants qui sont tes ennemis. C'est au plus profond de toi que le grand ennemi caché. Ce sont ces ennemis cadrés qui sont à l'origine des mauvais rêves et des cauchemars et ils jouissent d'une immunité parce que tu lies ce qui est dehors au lieu de ce qui est dedans. Ils sont aussi à l'origine de la mort de beaucoup de bonnes choses dans la vie des gens. Ils génèrent l'échec au bord du succès. Les échecs financiers mystérieux et plusieurs autres afflictions font parties de leurs activités.

Ces tueurs cachés intensifient la guerre de l'ennemi contre les gens. Leurs activités à l'intérieur permettent à leurs cohortes à l'extérieur de se venter. Ils sont en toi, travaillant dur pour que tu ne fasse aucun progrès.

Tu peux être tenté de dire que tu n'as pas de forteresse à l'intérieur de toi mais si tu pries sincèrement en les défiant violemment, ils sortiront tremblant de leur cachette et ta vie prendront une autre dimension.

Je suis attristé de savoir que beaucoup de gens opèrent en dessous de ce que Dieu a établi pour eux. Plusieurs ont des potentialités qui ont été enterrées simplement parce qu'il y a un étranger caché en eux.

La vie n'aime pas le vide. La nature ne laisse pas des fossés et Dieu ne créent pas des fossés. A tout moment, quelque chose ou quelqu'un doit s'en occuper. Tous les lieux vides doivent être comblés. Ta vie doit être contrôlée soit par Dieu, soit par le diable. Le choix est le tien.

Il y a un témoignage concernant un homme de Dieu qui entra dans un jeûne de sept jours à sec pour un candidat à la délivrance. Le septième jour lorsqu'il allait rompre son jeûne, Dieu lui montra l'intérieur de ce candidat. Il y avait un trône sur lequel un être assis. Le Seigneur lui dit : « Sept jours durant, tu as jeûné avec cet homme mais tu n'as fait que renvoyer les messages et les garçons de ménage. Le roi est encore là. Maintenant veux-tu arrêter ou continuer le jeûne ?

Plusieurs personnes vont pour être délivrées et dès qu'il y a le moindre indice de victoire ou de percée, ils s'en retournent alors que le roi est encore sur le trône. Il faut que tu sois extrêmement violent.

TYPES D'ETRANGERS
Les étrangers cachés dans des forteresses sont généralement de deux type.

EN FINIR AVEC LES FORCES MALEFIQUES DE LA MAISON DE TON PERE

LES ESPRITS MAUVAIS
LES MAUVAIS DEPOTS

Certains mangent ou sont nourris dans les rêves. C'est un mauvais dépôt, cette nourriture constitue un mauvais dépôt. Quand ils arrêtent de manger dans les rêves, ces choses demeurent là, profondément cachées. Il faut les détruire.

Des esprits de maris ou de femmes ont visité et déposé des choses en des gens. Ça peut ne plus se passer mais il faut détruire leur dépôt.

Les étrangers dans le corps incluent des maladies cachées, des cadenas spirituels, les mauvaises marques et les identifications. Toutes ces choses ont leur temps fixé. Elles épient et veillent, attendant le moment opportun pour frapper avec violence. Mais si tu deviens violent par une sainte colère, leurs œuvres seront sûrement démolies.

Il y eut ce cas d'une fille qui vit la marque '666' sur son corps. Elle la montra à son Maître à l'école. Pensant qu'il ne s'agissait que d'une blague, le professeur lui demanda d'aller laver cette marque pour l'enlever. La fille expliqua qu'elle l'avait lavée dans des heures durant et en y regardant de plus près elle remarqua qu'elle était à l'intérieur et à l'extérieur du corps. Ce jour-là, c'était la fin de cette école. De la même manière certaines personnes se lavent le matin et trouvent des écorchures sur leur corps. Ce sont des mauvaises marques.

Comme nous l'avons déjà vu, les animaux peuvent être programmés dans la vie des gens et dès que ces gens bougent ou font du progrès, ces animaux font de même.

Les domestiques démoniaques apportent aussi des forteresses, et des étrangers. Ces agents du diable qui font la cuisine vont initier presque si non tous les membres de la famille. La nourriture qu'ils préparent ne va pas dans le système digestif. Elle reste de côté pour accomplir son devoir maléfique.

Les étrangers peuvent aussi renvoyer à des objets dématérialisés. Généralement, les gens sont confus à ce sujet pensant que c'est impossible. Comment expliquer un pilonnage dans la tête comme si on y faisait usage d'un mortier ? Comment expliquer la présence d'un sac de nylon dans le ventre ? Ces choses sont d'abord dématérialisées avant d'être programmées.

Les étrangers dans le corps renvoient à des méchants esprits humains qui sortent de leur corps original pour influencer les vies des autres.

Les étrangers renvoient au mauvais sang et à des tumeurs. Tu entends parler des cas subits et mystérieux d'anémie de leucémie, de fibrome, de cancer, d'ulcère, de calculs rénaux etc. Se sont des étrangers qui fuiront leur forteresse si seulement nous prions.

L'échec ou le refus de traiter sévèrement les étrangers sont des invitations directes aux visiteurs maléfiques qui détruisent les bonnes choses et apporte l'esclavage.

La femme dans la Bible était courbée pendant 18 ans et pendant 18 ans était retenue captive et toutes les bonnes choses étaient pillées. Mais quand elle rencontra Jésus, il lui ordonna d'être délivrée. Aussi étrange que cette prière puisse paraître, elle marcha. Jésus pouvait voir la corde qui la liait et lui ordonna de la lâcher.

Le refus de traiter sévèrement les étrangers et les forteresses conduit les gens ont fait des fautes impardonnables. Cela crée des maladies intérieures, suscite une échelle pour les attaques sataniques et facilite la mort et la destruction subites.

Il faut en finir avec eux. En oeuvrant comme des contrebandiers internes, ils font passer les bonnes choses aux ennemis, ils égorgent, dérobent et détruisent et causent la confusion. Ce sont des puissances terriblement lâches qui s'enfuiront certainement si seulement tu pries sincèrement et du fond de ton cœur.

Bien-aimé, il ne suffit pas juste de lire les prières. Il faut que tu pries avec violence. Il est grand temps que tu progresses dans ta vie.

ETAPES CONDUISANT A LA LIBERTE
Obtenir ta liberté exigera de toi beaucoup de violence spirituelle. Il te faut devenir violent dans ton esprit au sujet de ta condition et de prier violemment des prières violentes.

Pour être affranchi, il te faut abandonner ta vie à Jésus. Tu dois te repentir de toute forme de péché et les abandonner. Tu dois décider de haïr d'une haine parfaite, tous les étrangers en toi et tu dois être déterminé à être libre.
Pendant que tu pries pour les déraciner, tu dois les maudire et prononcer la destruction sur eux.

Enfin, tu dois faire des prières de barricade pour les empêcher de revenir dans ta vie. Il est rapporté que lorsqu'un mauvais esprit est chassé d'un homme ; il ne va pas très loin, il reste dans les parages, observa l'endroit d'où il a été chassé. S'il voit que l'endroit est balayé et orné, il dit : « Je retournerai dans ma maison » et si l'endroit est vide, il invite sept autres esprits plus méchants que lui par conséquent la dernière condition de cet homme est pire que la première.

C'est très triste de savoir que deux esprits peuvent contrôler de concert la vie d'un homme. L'exemple de Saül vient dans la pensée. Il prophétisait, mais il déchirait ses vêtements. Ceci était dû à la personnalité instable de Saül Il y était violent, envieux, d'humeur insatiable et avait une volonté propre. Toutes les choses se combinaient pour l'exterminer.

Finalement, il y a deux choses qui déterminent la rapidité de ta délivrance
- Le niveau du péché commis en secret. Quelle sont ces choses secrètes dans lesquelles tu t'engages. Plus elles sont nombreuses moins rapides sera ta libération.
- Ensuite ton arrière-plan. Si ton arrière-plan est celui de l'adoration des idoles ou des activités occulte reconnues, il te faut être extra-violent et agressif pendant que tu pries ces points de prière suivants. Si seulement tu pries, toutes ces choses qui ont été déclarées mortes dans ta vie revivront. Toutes les cages employées pour t'emprisonner seront rompues.

POINTS DE PRIERE
1. Feu et tonnerre du Saint Esprit, persécutez mes persécuteurs au nom de Jésus.
2. Etranger des ténèbres dans ma vie, dépérissez au nom de Jésus.
3. Tout propriétaire de poids maléfique dans ma vie, je vous ordonne d'emporter votre poids, au nom de Jésus.
4. Toute flèche qui vole la nuit, sors au nom de Jésus.
5. Toute force herboriste agissant contre ma vie,

qu'attendez vous ? périssez au nom de Jésus.
6. Etrangers d'infirmité, allez-vous en au nom de Jésus.
7. Je renvoies toute flèche de mort prématurée, au nom de Jésus.
8. Toute flèche lancée contre ma vie quand j'étais enfant, péris au nom de Jésus.
9. Toute habitation de sorcellerie dans ma lignée familiale péris au nom de Jésus.
10. Ô Dieu qui répond par le feu, réponds-moi par le feu, au nom de Jésus.
11. Tout gaspilleur de ma prospérité, soit démantelé dans le nom de Jésus.
12. Toute puissance agissant à l'encontre de mon confort, péris au nom de Jésus.
13. Tout rêve de pauvreté, je te réduis en pièces au nom de Jésus.
14. Tout autel anti-prospérité sur ma cour péris au nom de Jésus.
15. Tout ossement desséchés dans mes finances revis au nom de Jésus.
16. Ô cieux, relâchez ma prospérité, au nom de Jésus.
17. Je renvois toute flèche de haillons spirituels, au nom de Jésus.

EN FINIR AVEC LES FORCES MALEFIQUES DE LA MAISON DE TON PERE

www.ingramcontent.com/pod-product-compliance
Lightning Source LLC
Chambersburg PA
CBHW070551170426
43201CB00012B/1810